古典文獻研究輯刊

三十編

潘美月・杜潔祥 主編

第 12 冊

晚清域外地理學著譯書籍考（下）

侯德仁 著

國家圖書館出版品預行編目資料

晚清域外地理學著譯書籍考（下）／侯德仁 著—初版—新
北市：花木蘭文化事業有限公司，2020〔民109〕
目 6+170 面；19×26 公分
（古典文獻研究輯刊 三十編；第 12 冊）
ISBN 978-986-518-097-3（精裝）
1. 歷史地理學 2. 唐代
011.08   109000653

ISBN-978-986-518-097-3

9 789865 180973

古典文獻研究輯刊
三十編　第十二冊　　　　　　　ISBN：978-986-518-097-3

晚清域外地理學著譯書籍考（下）

作　　　者　侯德仁
主　　　編　潘美月　杜潔祥
總 編 輯　杜潔祥
副總編輯　楊嘉樂
編　　　輯　許郁翎、張雅淋　美術編輯　陳逸婷
出　　　版　花木蘭文化事業有限公司
發 行 人　高小娟
聯絡地址　235 新北市中和區中安街七二號十三樓
　　　　　　電話：02-2923-1455／傳眞：02-2923-1452
網　　　址　http://www.huamulan.tw 信箱 hml810518@gmail.com
印　　　刷　普羅文化出版廣告事業
初　　　版　2020 年 3 月
全書字數　249654 字
定　　　價　三十編 18 冊（精裝）新台幣 40,000 元　　版權所有‧請勿翻印

晚清域外地理學著譯書籍考（下）

侯德仁 著

目

次

上　冊

引　論 …………………………………………… 1

　一、晚清域外地理學發展的兩個階段 …………… 1

　　（一）晚清域外地理學的萌芽與興起 ………… 1

　　（二）晚清域外地理學的繁榮與嬗變 ………… 6

　二、晚清域外地理學研究的學術文化價值 ……… 18

凡　例 …………………………………………… 39

上篇：域外地理著作提要 ……………………… 41

　一、地理學總論或通論 ………………………… 41

　二、亞洲 ………………………………………… 83

　　（一）跨國地理 ………………………………… 83

　　（二）朝鮮 …………………………………… 83

　　（三）越南 …………………………………… 87

　　（四）琉球 …………………………………… 92

　　（五）日本 …………………………………… 93

　　（六）印度、巴基斯坦 ……………………… 103

　　（七）緬甸 …………………………………… 104

　　（八）泰國 …………………………………… 105

（九）菲律賓 …………………………………… 106

（十）尼泊爾、不丹 …………………………… 107

（十一）西亞 …………………………………… 107

（十二）中亞 …………………………………… 108

（十三）南洋 …………………………………… 108

三、歐洲 …………………………………………… 112

（一）跨國地理 ………………………………… 112

（二）俄羅斯 …………………………………… 113

（三）英國 ……………………………………… 117

（四）法國 ……………………………………… 119

（五）德國 ……………………………………… 123

（六）西班牙 …………………………………… 123

四、美洲 …………………………………………… 125

（一）跨國地理 ………………………………… 125

（二）美國 ……………………………………… 125

（三）加拿大 …………………………………… 127

（四）巴西 ……………………………………… 128

（五）墨西哥 …………………………………… 130

（六）秘魯 ……………………………………… 131

（七）巴西 ……………………………………… 132

（八）古巴 ……………………………………… 133

（九）阿根廷 …………………………………… 134

（十）智利 ……………………………………… 134

（十一）摩洛哥 ………………………………… 134

（十二）委內瑞拉 ……………………………… 134

（十三）哥倫比亞 ……………………………… 135

（十四）玻利維亞 ……………………………… 135

（十五）巴拉圭 ………………………………… 135

（十六）烏拉圭 ………………………………… 135

（十七）其他美洲國家和地區 ………………… 135

五、大洋洲 ………………………………………… 136

（一）澳大利亞 ………………………………… 136

（二）新西蘭 …………………………………… 136

下　冊

中篇：域外遊記著作提要 …………………………… 137

　一、亞洲 ……………………………………………… 137

　　（一）多國遊記 …………………………………… 137

　　（二）朝鮮 ………………………………………… 141

　　（三）日本 ………………………………………… 143

　　（四）琉球 ………………………………………… 173

　　（五）印度 ………………………………………… 173

　　（六）緬甸 ………………………………………… 176

　　（七）越南 ………………………………………… 177

　　（八）南洋（包括泰國、菲律賓、新加坡、
　　　　　　馬來西亞）…………………………… 177

　二、歐洲 ……………………………………………… 179

　　（一）跨國遊記 …………………………………… 179

　　（二）俄羅斯 ……………………………………… 218

　　（三）英國 ………………………………………… 225

　　（四）法國 ………………………………………… 228

　　（五）摩納哥 ……………………………………… 229

　　（六）德國 ………………………………………… 229

　　（七）意大利 ……………………………………… 232

　　（八）瑞典挪威 …………………………………… 234

　　（九）西班牙 ……………………………………… 234

　　（十）葡萄牙 ……………………………………… 234

　　（十一）波蘭 ……………………………………… 235

　　（十二）其他 ……………………………………… 235

　三、美洲 ……………………………………………… 235

　　（一）跨國遊記 …………………………………… 235

　　（二）美國 ………………………………………… 239

　　（三）墨西哥 ……………………………………… 241

　　（四）秘魯 ………………………………………… 241

　　（五）古巴 ………………………………………… 241

　四、非洲 ……………………………………………… 241

　五、大洋洲 …………………………………………… 241

下篇：國人輯譯的域外地理著作和遊記著作提要 · 243
　A：國人輯譯的地理著作 ……………………… 243
　　一、多國地理總論 …………………… 243
　　二、亞洲 ……………………………… 262
　　　（一）亞洲總論 ……………………… 262
　　　（二）朝鮮 …………………………… 263
　　　（三）越南 …………………………… 264
　　　（四）琉球 …………………………… 265
　　　（五）日本 …………………………… 266
　　　（六）緬甸 …………………………… 268
　　　（七）柬埔寨 ………………………… 269
　　　（八）泰國 …………………………… 269
　　　（九）菲律賓 ………………………… 269
　　　（十）印度 …………………………… 269
　　　（十一）西亞 ………………………… 270
　　　（十二）南洋 ………………………… 271
　　　（十三）北亞（亞洲俄羅斯部）……… 271
　　三、歐洲 ……………………………… 272
　　　（一）歐洲總論及歐洲跨國地理 …… 272
　　　（二）俄羅斯 ………………………… 276
　　　（三）英國 …………………………… 276
　　　（四）法國 …………………………… 277
　　　（五）德國 …………………………… 277
　　　（六）意大利 ………………………… 278
　　　（七）希臘 …………………………… 278
　　　（八）保加利亞 ……………………… 279
　　　（九）羅馬尼亞 ……………………… 279
　　　（十）塞爾維亞 ……………………… 279
　　　（十一）土耳其 ……………………… 280
　　四、美洲 ……………………………… 280
　　　（一）美洲總論 ……………………… 280
　　　（二）美國 …………………………… 280
　　　（三）巴西 …………………………… 280
　　　（四）古巴 …………………………… 282
　　五、非洲 ……………………………… 282

　　　　（一）非洲總論 ···························· 282
　　　　（二）埃及 ·································· 283
　　六、其他 ·· 283
　　Ｂ：國人輯譯的地理遊記 ···················· 283
　　　一、亞洲 ······························· 283
　　　　（一）朝鮮 ·························· 283
　　　　（二）日本 ·························· 283
　　　　（三）越南 ·························· 285
　　　　（四）印度 ·························· 285
　　　　（五）緬甸 ·························· 285
　　　　（六）南洋 ·························· 285
　　　　（七）中亞 ·························· 286
　　　　（八）北亞 ·························· 286
　　　二、歐洲 ······························· 286
　　　　（一）歐洲總論 ······················ 286
　　　　（二）俄羅斯 ······················ 286
　　　　（三）法國 ·························· 287
　　　　（四）比利時 ······················ 287
　　　三、美洲 ······························· 287
　　　　（一）美國 ·························· 287
　　　　（二）墨西哥 ······················ 287
　　　四、非洲 ······························· 288
　　　五、大洋洲 ··························· 288
　　　六、跨洲遊記 ·························· 288
　附錄：域外地名歌略、域外竹枝詞、域外地圖書目
　　··· 289
參考文獻 ··· 299
後記（一）······································· 303
後記（二）······································· 305

中篇：域外遊記著作提要

一、亞　洲

（一）多國遊記

1.《東使紀程》一卷（1848）

花沙納著。中華書局 2007 年「近代史料筆記叢刊」《滇輶日記・東使紀程》合刊本據中國社會科學院近代史研究所圖書館藏寫本標點。卷首有道光二十八年（1848）方朔敘。據中華書局標點本「整理說明」介紹，花沙納（1806～1859）為蒙古正黃旗人，字毓仲，號松岑，伍彌特氏。乾嘉名將德楞泰次孫，父蘇崇阿，官職盛京都統、黑龍江將軍，一等繼勇侯。華沙納是道光壬辰恩科進士，散館授編修，曾充雲南、順天鄉試正副考官，歷任禮、吏、工、戶部侍郎，累官至吏部尚書。卒諡文定。著有《東使紀程》、《東使吟草》等。《東使紀程》係花沙納於道光二十五年（1845）奉旨出使朝鮮冊封朝鮮王妃的紀程之作。道光二十四年（1844）朝鮮王妃金氏卒，繼室洪氏立為王妃，陳請清朝冊封，花沙納遂有此次朝鮮之行。《東使紀程》所記自道光二十五年（1845）舊曆正月下旬花沙納奉上諭起，至同年舊曆五月下旬回京覆命止，按日記載，對沿途里程、山川名勝、古蹟遺址、城池館驛、風俗民情、天時寒暖、設官分職、衣冠服飾、朝儀禮節、餽贈儀物等都有記述。這些記載對研究當時的清朝歷史和朝鮮狀況都有一定的參考價值。

2.《乘槎筆記》一卷（1866）

斌椿著。封面題爲《乘查筆記》，董恂題簽。復旦大學藏清同治八年（1869）刊本一冊。卷首有徐繼畬序、李善蘭序和楊能格序。卷末有斌椿的跋。斌椿（1804～？），字友松，清內務府正白旗漢軍。前山西襄陵縣知縣。同治五年正月初八，斌椿奉總理各國事務衙門之命率領張德彝等隨同海關總稅務司英國人赫德（Robert Hart）前往法、英、俄、德等歐洲各國遊歷，採訪風俗，且「飭將所過地方山川形勢、風土人情詳細記載繪圖貼說帶回中國，以資印證。」行前的正月十一日，徐繼畬贈給斌椿《瀛環志略》一部作爲遊歷過程中的參考。正月二十一日，斌椿一行正式由北京起程，「隨行四員：同文館八品官鳳儀、德明，內務府筆帖式兒子廣英，同文館學生彥慧，並僕從六人」，他們經上海、香港，駐足新嘉坡、泊舟錫蘭（斯里蘭卡），渡尼羅河，而入意大利、英、法、荷蘭、比利時、丹麥、瑞典、俄羅斯、普魯士等國。斌椿一行於同年九月初一日回到香港，九月十二日抵達上海，十月初七日回到北京。斌椿於所經之處皆諮訪各國政治、經濟、風土人情、文化藝術等情況，隨手箚記成篇，遂成《乘槎筆記》一卷，是一部頗具參考價值的出洋考察日記。另外還著有詩集《海國勝遊草》、《天外歸帆草》。

另外，本書還有《小方壺齋輿地叢鈔》第 11 帙本。

徐繼畬《乘槎筆記序》曰：

> 「自古勤遠略者始於兩漢博望之鑿空，事多荒杳。我聖朝德威遠播，泰西各國皆喁喁慕義通使幣於天家，如英吉利、法郎西、俄羅斯、美利駕諸大國，咸遣使臣駐京師，辦中外交涉事務，欲得中國重臣遊歷西土以聯合中外之情志顧華人入海舶，總苦眩暈，無敢應者。斌君友松年已周甲，獨慨然願往，遂於同治丙寅歲正月乘槎以行，凡歷十五國之疆域。於所謂歐羅巴各國親歷殆徧。遊覽之餘發諸吟詠，計往返九萬餘里。如英法俄布荷比諸國土俗民情記載尤悉，筆亦足以達其所見，索觀者多，乃付剞劂，以貽同好。余既或寓目，因題數語以誌幸。同治戊辰初夏愚弟徐繼畬拜首序。」

同治八年冬十月海寧李善蘭《乘槎筆記序》曰：

> 「地爲球體，環日而行，與五星同故。五星皆地球也。日居其位不動，與三垣二十八宿諸恒星同，故諸恒星皆日也。日有若干地球環之，則垣宿諸星，每星亦必有若干地球環之。以近推遠，理當

然也。此說非西士所創也。大雄氏所云：三千大千世界蓋即指此已。自周迄今二千餘年，自天竺至歐羅巴五萬餘里，而其說若合符節，信有徵矣。然而五星之世界，目能望而見之，身不能往而遊之也。至垣宿諸世界遠極而隱心能憶而知之，目且不能望而見之矣。而吾人所處之地球所云四大洲大小數百島舟車所通故不能難往而遊也。雖然遊必有福，舉天下之人其足跡有不出一郡者矣，有不出一邑者矣。甚者有終身不出里巷者矣。適百里者宿舂糧，適千里者三月聚糧。又或婚嫁未畢，或民社羈身茫茫禹跡能徧歷者有幾人哉？又況九州之外數萬里之遙隔，以大海浩汗杳冥、巨浪如山，有望洋而歎者矣。即曰不畏風濤、視險若夷而中外限隔、例禁綦嚴，苟無使命，雖懷壯志，徒勞夢想耳。故曰遊必有福。郎中斌君友松少壯宦遊，足跡半天下，一旦奉命往歐羅巴訪覽政教風俗，遂得遊數萬里之外，所歷十餘國皆開闢以來中國之人從未有至者，各國君臣無不殷勤延接，宴會無虛日，宮廷園囿，皆特備車騎令縱馳覽。斌君之遊福可謂大矣。於是斌君凡身之所至，目之所見，排日記之。既恭錄進呈，又刻以行世。令讀其書者亦若身至之而目見之也。然則斌君非獨一人遊，率天下之人而共遊之也。我聞修普賢行者能以神通力，徧入大千世界，又聞慧業文人多自佛門中來。斌君殆華嚴會中人，昔修普賢行令現宰官身者耶？宜其遊福之超越尋常萬萬也。同治八年冬十月海寧李善蘭序。」

楊能格序曰：

「諒哉，賢者故不可測哉！余戚友松斌君才識博達，少爲文即不屑作恒語，讀者每眩其瑰奇，一不售決然捨去作令豫章以異政名江右者二十有餘年爲之上者，咸震其名而登進之。旋奉諱歸里以越人之術行其仁，病者神之。余初不知其醫理之精又如是也。今忽邀朝廷特達知，以三品冠帶使海外則灑然，攜一子登番舶，周歷十餘國往返九萬餘里。雍容揖讓若履行州郡間，海外君長咸喁喁然望風采稱中國有奇士乘迎後先，恐不得當，遂得盡覽其山川城郭宮室人物風俗，怪異之類，皆華人所未耳目之者。歸乃次第之爲筆乘，摹繪精㲉如鑄魤鼎，顧皆據事直陳不少增飾，非如山經。倘恍齊諧傲詭，有所假借而爲之也。噫！可謂奇矣。是行也，其奉宣天子威德

以懷服遠方，永式聲教。余無以測之，亦惟從賢士大夫後俛仰欣賞
於不世之文章而已矣。同治八年歲在己巳冬十月既望，愚表弟楊能
格簡侯甫頓首拜撰。」

斌椿《《乘槎筆記跋》曰：

「謹按：外洋各國自道光庚子通商，來中華者爭先恐後。而中
國士大夫從無至彼國者。同治丙寅正月，斌椿奉命往外國遊歷，各
駐京使臣聞之，皆甚喜。計自津沽登舟，遵海而南，凡逾六省。至
香港始易巨舶，放南洋，過越南、暹羅兩國境，折而西至錫蘭（南
印度大島），又西北至亞丁（阿喇伯境），添儲薪水糇糧，至麥西
國都登陸。由地中海易舟至佛朗西、英吉利、荷蘭、丹麻爾、瑞典、
俄羅斯、普魯士、比利時各國都。凡乘火輪船十有九，火輪車四十
有二，形式各異。所經各國山川險塞與夫建國疆域、治亂興衰詳加
採訪，逐日登記其國人之官爵、姓字以及鳥獸蟲魚草木之奇異者，
其名多非漢文所能譯，姑從其闕。至宮室街衢之壯麗、士卒之整肅、
器用之機巧、風俗之異同，亦皆據實書，無敢傅會。舟車所至九萬
餘里，馳驅道路不暇分類記載，其缺略者間補注於本條之下，故無
一定體例云。斌椿謹識。」

3.《適可齋紀行》六卷（1881）

馬建忠著。復旦大學藏清光緒二十二年（1896）刊本二冊。全書共六卷，
下分為卷一，勘旅順記；卷二，南行記上；卷三，南行記下；卷四，東行初
錄；卷五，東行續錄；卷六，東行三錄。其中，卷二、三是馬建忠在光緒七
年（1881年），奉李鴻章之命前往印度，與英國印度總督黎彭等交涉鴉片包
銷及稅收問題的途中紀行。卷四、五、六則是他於光緒八年（1882年）受李
鴻章派遣去朝鮮協助朝鮮政府與美、英、法三國簽訂商約的往返行記。該行
記對其辦理這兩項外交的具體過程亦有較為詳細的記載，因此頗有價值。

馬建忠（1844～1900），江蘇丹徒（今鎮江）人，字眉叔。少通經史。
咸豐十年（1860），英法聯軍攻佔北京，火燒圓明園，深深的刺激年少的馬
建中。有感於外患日深的時局，他立志探求中外「得失之故」，遂拋棄科舉
道路，專究西學，習拉丁文及英、法、希臘文。經過十餘年的努力，成為了
一名「善古文辭，尤精歐文，英、法現行文字以至希臘、拉丁古文，無不兼
通」、學貫中西的新式人才。光緒二年（1876），隨郭嵩燾出國，赴法留學，

兼任駐法使館翻譯，頗受郭嵩燾的賞識。1879 年，獲得博士學位後回國。回國後，擔任了李鴻章幕僚，曾被派往印度、朝鮮處理外交。參與辦理洋務，並任輪船招商局會辦、上海機器織布局總辦。他認爲，「治國以富强爲本，而求强以致富爲先。」强調「講富者以護商爲本，求强者以得民心爲要」。提出對外通商是「求富之源」，認爲要發展對外貿易，就必須發展新式工業和農業，爭回關稅自主權。還主張由「商人糾股設立公司」來興辦新式工商業，反對洋務派的壟斷政策（《富民説》）。對西方資本主義國家的「三權分立」政體頗爲傾慕，謂其「權不相侵，故其政事綱舉目張」（《上李相伯言出洋工課書》）。還曾參考拉丁語法，研究古代漢語的結構規律，著成中國第一部全面系統的語法著作《馬氏文通》。

（二）朝　鮮

4.《奉使朝鮮驛程日記》一卷（1844）

（清）柏葰撰，國家圖書館藏清道光二十四年（1844）刻本 1 冊，封面及版心均題薛篍吟館抄存，附薛篍吟館抄存、朝鮮竹枝詞。柏葰（1806？～1859），臨潢人，蒙古正黃旗，原名松葰，榜名松慶，巴魯特氏，字靜濤，一作聽濤，號泉莊。道光六年進士，改庶起士，散館授編修，曾任都察院左都御使。咸豐八年（1858）官戶部尚書，文淵閣大學士，典鄉試，後被彈劾罷官，終以撤換試卷罪被誅。該書主要是作者從道光二十四年正月十二日奉旨從北京啓程出使朝鮮「諭祭」朝鮮王妃金氏至同年四月初二日回到北京覆命期間的行程日記，作者記載了一路之上的「道里之遠近及耳目之見聞」（自序）及其「東藩景物略見一斑」，目的是作爲「後此賦皇華者先路之導」。卷首有作者的自序。柏葰自序曰：「朝鮮至本朝奉正朔惟謹，年班朝貢外慶弔時通。癸卯嘉平諭祭王妃金氏，禮臣援例列單上請，得旨：以臣柏葰充正使、副都統恒興副之，皆特簡也。憶自通籍以來，屢膺使命，所歷之地皆有日記以資考鏡，矧朝鮮文物衣冠亞於中夏，四牡之歌尤非數覯者乎。爰偕恒君以新正十二日出都，二月二十一日抵王京。展禮之餘，見其敬恭感激出於至誠，蓋聖天子恩恤外藩，德威兼洽，所由薄海內外莫不尊親也。覆命後檢行笥得驛程日記一卷，並詩數什，竹枝若干首，錄而付梓。其出入榆關諸作亦存焉。聲阿文勤公三使朝鮮，有圖有記，啓行前物色未獲。茲編僅志道里之遠近及耳目之見聞，東藩景物略見一斑，亦爲後此賦皇華者先路之導云爾。道光甲

辰午月靜濤柏葰自識。」

5.《東行初錄》一卷、《東行續錄》一卷、《東行三錄》一卷（1882）

馬建忠著。《小方壺齋輿地叢鈔再補編》第 10 帙本。光緒八年（1882）三月至六月，作者先後三次奉命出使朝鮮，協助朝鮮與美國及日本訂立條約。

6.《朝俄交界考》一卷（1882）

馬建忠撰。《小方壺齋輿地叢鈔再補編》第 10 帙本。

7.《東遊紀略》一卷（1882）

吳鍾史著。《小方壺齋輿地叢鈔》本。此書與《東遊記》、《遊高麗王城記》均為光緒八年（1882）作者隨從馬建忠出使朝鮮時所著。

8.《東遊記》一卷（1882）

吳鍾史撰。《小方壺齋輿地叢鈔》第 10 帙本。

9.《遊高麗王城記》一卷（1882）

吳鍾史撰。《小方壺齋輿地叢鈔》第 10 帙本。

10.《朝鮮雜述》一卷（1891）

許午撰。《小方壺齋輿地叢鈔》第 10 帙本。

11.《入高紀程》一卷（1891）

闕名撰。《小方壺齋輿地叢鈔》第 10 帙本。

12.《奉使朝鮮日記》一卷（1900）

崇禮撰。國家圖書館藏清光緒間活字本 1 冊，8 行 20 字白口雙邊單魚尾。崇禮，生卒年不詳，瀋陽人，字受之，漢軍正白旗人，清皇室姻親，姓姜，一誤為蔣，俗稱「蔣四爺」。官戶部左侍郎，滿洲副都統，護軍統領右翼總兵，總理各國事務大臣。光緒二十六年（1900）授東閣大學士，文淵閣大學士。光緒二十六年崇禮與續燕甫奉朝廷之命出使朝鮮，參加朝鮮為其太妃舉行的國喪祭弔活動。崇禮一行於此年九月十五日起程，十月十五日返回北京。此書即是此次出使朝鮮期間的日記，也是這次出使活動的外交記錄。

此書還有《小方壺齋輿地叢鈔補編》第 10 帙本。

13.《客韓筆記》一卷（1906）

許寅輝著。中華書局 2007 年「近代史料筆記叢刊」《滇軺日記・東使紀

程（外一種）》合刊本據光緒三十二年丙午（1906）長沙刻本標點。卷首有於漸逵敘、鳳曾敘、汪先弼敘、許寅清敘及作者自敘。據中華書局標點本「整理說明」介紹，本書著者許寅輝字復初，江蘇上元縣（今屬南京市江寧區）人，自號獨醉山人。光緒十九年（1893）春，許寅輝應駐韓英使之聘，在使館辦理文案，兼任翻譯。本書主要記述中日甲午戰爭時他在朝鮮的經歷，自甲午（1894）正月起，迄乙未（1895）八月止。書中記載了朝鮮統治集團內部爭權奪利的政治鬥爭情況，還記述了清兵葉志超部駐紮朝鮮，軍紀鬆弛，且又嫉賢妒能，招致戰事失利之事，而且記述了朝鮮朝野人士對清朝的思想情緒以及相互關係等情況，所有這些都是作者本人的親身見聞，「多當時人未盡知者」，因而具有相當的參考價值。

（三）日　本

14.《日本日記》（1853～1854）

羅森著。嶽麓書社 1985 年《走向世界叢書》本據日本輯印本（漢文）整理校注。羅森，字向喬，廣東南海縣文人，生平不詳。1854 年 1 月 17 日，羅森隨從美國海軍准將柏利（Perry）率領的遠征艦隊自香港出發，經臺灣海峽，先到琉球，於 1854 年 2 月 11 日駛抵日本江戶灣浦賀港。柏利艦隊先後泊橫濱，至下田、箱館，又經琉球，於同年 8 月 7 日回到香港，先後歷時共半年有餘。羅森此行的身份是艦隊的漢文翻譯，而柏利艦隊此行日本的目的是強迫日本結束閉關鎖國的政策，將下田和箱館兩個港口向美國開放。羅森在訪問日本期間，寫下了中國近代第一部具有很高歷史與文學價值的日本遊記。1864 年 8 月當他隨柏利艦隊回到香港後，就把自己的這部遊記題為《日本日記》，交給香港「英華書院」（Anglo-Chinese College）發行的中文月刊《遐邇貫珍》（Chinese Seriel）刊登。在 1854 年第 11、12 號及 1855 年第 1 號分三期連載。《遐邇貫珍》編者在文前加上按語說：「《遐邇貫珍》數號，每記花旗國與日本相立和約之事。至第十號，則載兩國所議定約條之大意。今有一唐人，為余平素知己之友，去年搭花旗火船遊至日本，以助立約之事；故將所見所聞，日逐詳記，編成一峽，歸而授余。茲特著於《貫珍》之中，以廣讀者聞見，庶幾耳目為之一新。……」所謂「花旗國與日本相立和約之事」，就是指美國與日本談判開放港口，簽訂通商條約之事。羅森則成為這次重大歷史事件的目擊人，他的《日本日記》也是這次重大事件真實過程的

目擊記。羅森還在該書中對琉球、橫濱、下田、箱館等地的風土人情、政俗物產如實的做了記錄，真實的反映了19世紀中期日本社會政治狀況。因此，鍾叔河先生稱「《日本日記》篇幅雖不多，其價值卻超過了中國以往關於日本的一切著述。」（鍾叔河《日本開國的見證》，載嶽麓書社「走向世界叢書」本《日本日記》卷首）

15.《日本日記》（1854）

羅森撰。《走向世界叢》書本。原載香港《遐邇貫珍》月刊1854年（咸豐四年）第11、12號及1858年第1號。該日記係羅森於咸豐四年自香港隨美國伯利艦隊到達琉球及日本後，據其見聞纂成，反映了近代開明知識分子對日本最早的看法。

16.《使東述略》一卷（1877）

何如璋著。國家圖書館藏民國二十四年（1935）鉛印本1冊，卷首有民國二十四年溫廷敬序及溫廷敬所撰《清詹事府少詹何公傳》，卷末附《使東雜詠》。嶽麓書社「走向世界叢書」《甲午以前日本遊記五種》本據民國二十四年如璋第四子壽田自印本校點。

何如璋（1838~1891），字子峨，廣東大埔人。同治七年進士，入翰林院，以庶起士授編修。因李鴻章薦其通曉洋務，於光緒二年（1876）以侍講任駐日副使，次年（1877）升正職。光緒六年回國，授詹事府少詹事。《使東述略》乃是何如璋自敘其光緒三年（1877）與副使從官十餘人東渡日本後的見聞，係中國關於日本的第一篇正式報告。全文一萬四千字，記述了清代中日建交互派公使的經過，涉及日本的時政、民俗、禮儀、地理等。

另外，何如璋的副使張斯桂著有《使東詩錄》，共有詩四十首，敘述了其駐日期間所見的日本生活，流露出舊式士人「出洋」後內心世界的牴觸情緒。王錫祺於光緒十九年（1893）年將其收入《小方壺齋叢書》四集。1985年嶽麓書社據《小方壺齋叢書》四集校點後，收入《走向世界叢書》。

17.《日本雜事》一卷（1877~1879）

黃遵憲撰。《小方壺齋輿地叢鈔》第10帙本。

18.《使東雜記》一卷（1877）

何如璋撰。《小方壺齋輿地叢鈔》第10帙本。

19.《日本雜事詩》二卷（1877～1879）

黃遵憲著。（1）上海圖書館藏清光緒 5 年（1879）天南遯窟鉛印本 1 冊；（2）上海圖書館藏清光緒 5 年（1879）同文館鉛印本 2 冊；（3）上海圖書館藏清光緒 24 年（1898）長沙富文堂刻本 1 冊；（4）國家圖書館藏光緒 11 年（1885）梧州刻本 1 冊；（5）嶽麓書社「走向世界叢書」本，係鍾叔河先生據光緒 24 年長沙富文堂重刊本校點，以光緒 5 年孟冬同文館聚珍版本（初印本）及香港迴圈報館弢園叢書本參校，並且鍾叔河先生還取材黃遵憲的《日本國志》及《人境廬詩》爲該書作了「廣注」。

黃遵憲（1848～1905），廣東嘉應人，1877 年以參贊隨何如璋出使日本，留日五年。《日本雜事詩》爲黃氏東渡後最初兩、三年內所作，以詩歌體詠誦日本的國政、民情、風俗、物產，向國人宣傳日本明治維新的成就，可謂是一部詩歌體的「明治維新史」。「走向世界叢書」本《日本雜事詩（廣注）》，卷首有作者自序、王韜序、洪士偉序，正文共有詩 200 首，卷末還有後記及石川英跋。黃遵憲的《日本雜事詩》及《日本國志》，都是近代中國人研究日本的重要著作，都產生了很大的影響。

20.《談瀛錄》三卷（1879～1881）

王之春著。蘇州大學藏光緒六年（1880）刻本存一冊：卷一和二；復旦大學藏光緒六年上洋文藝齋刊本二冊（全）。

王之春（1842～？），字芍棠，一字爵棠，清湖南清泉人。初爲彭玉麟幕僚，光緒間歷任浙江、廣東按察使，湖北布政使，曾出使日本、俄國。累官廣西巡撫，主張出讓廣西礦權，借法款、法兵鎮壓廣西人民起義，激起國內拒法運動，旋被解職。曾與彭玉麟同撰《國朝柔遠記》，綜述順治元年至同治十三年中外關係。另有《東遊日記》、《東洋瑣記》、《使俄草》、《瀛海卮言》。《清朝續文獻通考》卷 264 有小傳。王之春的《談瀛錄》分三卷，卷一和卷二是東遊日記，卷三爲東洋瑣記，本書其實就是他的《東遊日記》和《東洋瑣記》的合訂本。卷首有彭玉麟《談瀛錄序》、王先謙序及王之春自序。卷一卷二系王之春於光緒五年己卯（1879）遊歷日本的日記。王之春於光緒五年十月十八日由鎮江防營搭乘渡輪起程，十九日抵達上海，受劉吉六之邀遊覽了未園，「園初爲徐雨之觀察所葺，今已易主，而規模如昔。大約數畝，編茅爲亭，覆瓦爲臺。有樓翼然，有樹森然，外以附皮杉木爲籬，編成卍字、梅花等式，價廉工巧，樸拙而饒古趣。園中花草竹木，布置井然，花尨吠客，

鸚鵡呼茶，異羽奇葩，點綴生趣。累石爲山，高盈丈許，玲瓏曲折，入者如遊武夷，步步引人入勝。」二十日，他又前往虹口參觀安徽董司馬創造的機器船。二十一日早七點，王之春乘輪船出吳淞口，破浪如飛，二十二日戌刻抵達日本長崎。「該處屋宇參差，因地而高下曲折，滿市車聲轔轔與得得之屐聲互答。蓋東人無論晴雨，足皆著屐。遊倦，少憩於東人家。拖履入門，滿地遍布長席，小童引導入樓，四壁精潔，無纖塵，窗戶洞啓，雖地不甚大而引泉爲池，依山樹木，盆花砌草，培植殊佳。」還匆匆流覽了正覺寺和大音寺。二十四日，在微雨中輪船啓航，未時泊鹿兒島，未登岸。二十五日起程，抵達神戶。二十六日，與梁煒煌同坐火車，往遊大阪。之後，王之春還遊覽了橫濱、東京，參觀了日本的勸工廠與博物院，拜會了駐日使節何如璋、副使張斯桂、《日本國志》作者黃遵憲，而且對當地的自然地理風光如富士山、火焰山等皆有精彩描述。因此王先謙在《談瀛錄序》中說：「……王爵棠觀察奉江督沈文肅公檄往逾月，盡得其形勢險要風俗情狀，歸爲《談瀛錄》三卷，文贍而事核，汪大淵之《島夷志略》、黃衷之《海語》不能過也。異日從事東方者，宜於是書有取焉。爵棠歷兵間久，規畫遠大而亦不遺纖悉，誠得操柄分袂，必能恢宏建樹，以彰巨清綏攘之烈，其撰述之不朽抑末也。爵棠勉乎哉！光緒六年歲次庚辰仲夏月長沙王先謙益梧序。」王之春《談瀛錄自序》曰：「……侯官沈文肅公謹愼如諸葛，精勤邁桓公，抱厝火積薪之憂，厪安內攘外之策，節制兩江，總辦南洋事務，以日本之狡焉，思啓檄委馳赴該部，察其情形，於是尋鞭石之遺蹤，訪仙山之舊跡，藉以新耳目而擴胸襟，就所經遊編爲日記，偶得韻語附於其後。至其國之風土人情，姑就所知一二瑣記，統名之曰《談瀛錄》。竊比於海客之倫，非敢擬武靈之捉刀入秦，文淵聚米策蜀也。庚辰初春王之春爵棠氏自序於京口軍次。」文中還附有《中國連日本圖》及《日本圖》。

21.《扶桑遊記》三卷（1879）

王韜著。上海圖書館藏日本明治 12 年至 13 年（1879～1880）東京鉛印本三冊（長 24262）；臺灣近代中國史料叢刊影印本；嶽麓書社 1985 年版「走向世界叢書」據日本明治 12 年至 13 年東京「報知社」印本點校。光緒五年（1879），作者應東瀛友人之約，往遊日本，著成《扶桑遊記》三卷。卷首有光緒五年七月八日的作者自序，以及重野安繹序和中村正直序。卷末有龜谷行跋和岡千仞的跋，語多論及王韜《普法戰紀》在日本的流傳和影響。《扶

桑遊記》上起光緒五年閏三月初七日，迄於同年七月十五日，逐日記載了這次中日文化交流的盛事。據作者《自序》，他此行是應日本友人「以為千日之醉，百牢之享」之邀，於是絕跡東行。「抵江都之首日，即大會於長酡亭上，集者廿二人。翌日，我國星使宴余於旗亭上，招成齋先生以下諸同人相見言歡。由此壺觴之會，文字之飲，殆無虛日。……日所遊歷，悉紀於篇。」王韜在日本交遊的主要是擁護明治維新講求西學的中村正直、栗本鋤雲等人士，他們每天所討論，除詩文、撰述外就是時勢、西法。王韜還與那些熱愛中國文化的漢學家如岡千仞、竹添光鴻等人廣泛交遊，結下了深厚友誼。岡千仞在《扶桑遊記‧跋》中說：「蓋先生慨歐人耽耽虎視，親航歐洲、熟彼情形，將出其所得以施之當世，而未有所遇。」「以有為之才，處多故之世，一朝風會，去泥土，衝雲霄，沛然膏雨，使萬物仰蘇息之恩，先生蓋其人也。」瞿林東先生認為，這句話道出了王韜漫遊與撰述的真正宗旨所在（瞿林東《中國史學史綱》第 774 頁，北京出版社 1999 年版）。

另外，國家圖書館藏王韜《東遊日記》稿本一冊，題為「東遊日記」，所記時間與此基本相同。

22.《東遊日記》不分卷（1879）

王之春撰。《小方壺齋輿地叢鈔》第 10 帙本。此書係其光緒五年（1879）遊歷日本的日記，記載了他此行日本於長崎、神戶、橫濱、東京往返的所見所聞及其與駐日公使何如璋、副使張斯桂及黃遵憲會晤情形。書中還記述了其前往日本前在上海逗留期間的觀感和見聞。

23.《東洋瑣記》一卷（1879）

王之春撰。《小方壺齋輿地叢鈔》第 10 帙本。

24.《日本紀遊》（1880）

李筱圃撰。《走向世界叢書》本。收入光緒十九年（1893）《小方壺齋叢書》四集內。為李氏光緒六年赴日旅遊所作，持反對維新立場，對日本「一切效法西洋」憤憤不平，所記多東洋風土人情，間涉中日通商史事。

25.《日本紀遊》（1880）

李筱圃著。《小方壺齋輿地叢鈔》第 10 帙所收，原署闕名。湖南人民出版社 1983 年「走向世界叢書」本據《小方壺齋輿地叢鈔》本校點，並且考證該書作者為李筱圃。李筱圃曾在江西吉安府做過同知，他在光緒六年

（1880）初夏之交赴日遊歷了兩個月，《日本紀遊》即爲此行的遊歷日記。他自述云「海外遊蹤，未攜官服，本不欲投刺公門」，可見它是以私人身份出國遊歷的。《日本紀遊》所記起光緒六年三月二十六日，止於五月十一日。作者自敘：「是行也，自滬往返四十餘日，周曆日本東西二京，雖不敢言壯遊，亦聊以擴眼界而已。」在書中作者持反對維新立場，對日本「一切效法西洋」憤憤不平，所記多東洋風土人情，間涉中日通商史事。

26.《東槎雜著》一卷（1881）

姚文棟撰。《小方壺齋輿地叢鈔》第 10 帙本。

27.《遊日光山記》一卷（1882）

黎庶昌撰。《小方壺齋輿地叢鈔》第 10 帙本。

28.《東槎聞見錄》一卷（1887）

陳家麟撰。《小方壺齋輿地叢鈔》第 10 帙本。

29.《日本變政考》二卷（1887）

顧厚焜著。上海古籍出版社 2002 年《晚清東遊日記彙編·日本政法考察記》影印本，據光緒丁酉年（1897）夏慎記書莊石印本影印。卷首有光緒十四年（1888）駐日公使黎庶昌序、顧厚焜自序及《日本變政考例言》。光緒十三年（1887），兵部員外郎傅雲龍與刑部主事顧厚焜作爲光緒皇帝欽定的海外遊歷使，奉命前往日本、美國、秘魯、古巴、巴西等國遊歷考察。是年農曆九月二十六日（西曆 11 月 16 日）抵達日本長崎，開始了爲期六個月的日本考察。「考察時二人又作了具體分工，傅雲龍負責日本的地理。歷史、風俗及古事逸聞，顧厚焜則負責明治維新後所推行的各種新政」。顧厚焜遂在考察結束後撰成了《日本變政考》二卷，共分爲九部，其中的輿地部概要的記述了日本的幅員面積、主要城市及其居民戶口數位、主要的山脈河流等地理情況。該書具體各卷目錄如下：卷一爲洋務部（下分爲奉使考、各國使臣考、通商考、出口入口貨考、輸出物產考、商賈戶數考、商輪考、海里考、燈檯考、浮標礁標考、鐵道考、電線考、府縣電信局考、時刻考、新聞考）、財用部（下分爲歲入歲出考、比較連年國債考、貨幣考、紙幣增減考、國立銀行考、私立銀行考）、陸軍部（下分爲陸軍兵制考、憲兵考、徵兵考、炮臺考）、海軍部（下分爲海軍兵制考、師船炮門兵數考、海軍人員總數考、鐵甲船考、巡海快船考、炮船考、雷艇考）；卷二爲考工部（東京海軍兵學校考、東京炮兵工廠考、大阪炮兵工廠考、長崎鮑浦機器局考、長崎造船所考、川崎造船所

考、小野濱海軍造船所考、橫須賀海軍造船所考、東京千住製絨所記。東京旺子造紙白記、大阪硫曹製造會社記、大阪製燧社記、大阪硝子製造會社記、瓷器陶器記略、織綢織呢記略、大阪紡織會社記略）、**治法部**（下分爲學校總論、學校章程考、學校沿革論、通國學校教員生徒考、足利學校考、刑罰考、重輕罪犯處斷人數考）、**紀年部**（世系考）、**爵祿部**（下分爲官制考、官署考、祿制考）、**輿地部**（下分爲全國經緯度考、府縣廳民數考、東京至各府廳縣里程考、人口一萬以上都市考、全國面積及周圍里數考、礦產考、礦泉考、海平面千尺以上山嶽考、海面以上兩千尺以上山嶺考、大川考、周回三里以上湖沿考、船舶出入港灣仞尺考、對馬島考、北海道近事考）。

30.《遊鹽原記》一卷（1889）

黎庶昌撰。《小方壺齋輿地叢鈔再補編》第 10 帙本。此書是作者在光緒十五年（1889）駐日公使任上前往鹽原參觀的遊記。

31.《訪徐福墓記》一卷（1890）

黎庶昌撰。《小方壺齋輿地叢鈔再補編》第 10 帙本。此書是作者在光緒十六年（1890）駐日公使任上前往徐福墓參觀的遊記。

32.《東遊日記》一卷（1893）

黃慶澄撰。上海圖書館藏清光緒二十年（1894）刻本一冊。該書還有嶽麓書社「走向世界叢書」標點本及《小方壺齋輿地叢鈔再補編》第 10 帙本。黃慶澄，字愚初，浙江平陽人。因學行淹粹而爲沈秉成（仲復）而賞識，遂寫信邀其到日本一遊，而駐日使臣汪鳳藻（芝房）出資資助他前往日本。《東遊日記》即記載了黃慶澄的日本兩月之行。據其所述，此次遊歷了「通商口岸四（長崎、神戶、大阪、橫濱）、都址三（西京、東京、奈良）、大湖一（琵琶湖），所遇中外士大夫無慮七八十人」。他飽覽各地名勝，拜訪了日本外務省、司法省、文部省、陸軍省、大藏省，廣泛接觸日本各界人士，考察日本的政治制度、語言文字、風俗文化，記載地理風物，比較中外政治得失異同。對日本明治維新以來的新興事物，如議會所、裁判所、控訴院、員警署、郵便局、電報局、勸工廠、銀行、鐵路、學校及政治制度都有詳細記述，目的就是爲了「比較中外政治得失異同」，以圖中華振興之策。作者比較中日官紳士紳和民眾風習後認爲，「中國之士之識則太狹，中國之官之力則太單，中國之民之氣如湖南一帶堅如鐵桶。遇事阻撓者雖可嫌實可取爲今日中國計，一切大經大法無可更改，亦無能更改。但望當軸者取西格致之學、兵家

之學、天文地理之學、理財之學及彼國一切政治之足以矯吾弊者，及早而毅然行之，竭力擴充，勿以難能而綏其氣，勿以小挫而失其機，勿以空言而貽迂執者以口實，勿以輕信而假浮躁者以事權。初創之舉，局面不宜過大。已成之事，提防不得稍鬆縱之，愈推愈廣，以彼之長，補吾之短，則不動聲色而措天下於泰山之安。……蓋治天下者有法有意，此則但師彼之法而不師彼之意也。」

卷首有孫詒讓《序》，曰：

「國家自道咸以來始大馳海禁，與東西洋諸國開榷場，互市海上。校其疆里，多張騫、甘英所未窺者，皆列圖籍，通使節，皇華四達數萬里，重瀛如履畿閫，斯亦互古未有之盛也。士大夫遊歷外國者，斐然有述，往往著爲遊記。其佳者奇聞創見，足裨輶軒之採。視唐元奘、宋徐兢、元邱長春所記錄佪乎遠過之矣。余友平陽黃君愚初振奇士也。以學行淹粹爲沈仲復中丞所賞異，修書俾遊日本，而我駐日使臣汪芝房編修復飲金以助其行，數旬之間，遍歷彼國東西京以歸。日本與我國同文字，其賢士大夫多通華學，邦域雖褊小，然能更其政法以自振立。愚初之行也，蓋欲諮其政俗得失，以上裨國家安攘之略，顧不獲久留。其歸也，僅攜佛氏密部佚經數十冊，又爲余購彼國所刊善本經籍數種，皆非其初意也。既又出日記一小冊示余，識其遊歷所至，甚悉夫中外政治得失異同，其精微之故文字不能宣其奇偉廣遠者，又非下士所敢言。然則此冊者，其麤牘之跡耳。何足以見愚初之志哉。然愚初之意甚盛，方將遍遊五大洲以擴其聞見，遊記之作將倍蓰而未已，則以此冊爲之權輿，殆亦愚初所樂爲乎？既刊成爲序以廣其意，且以見愚初之志之不盡於是也。光緒甲午二月里安孫詒讓。」

卷末黃慶澄《跋》曰：

「是遊也，計所歷通商口岸四（長崎、神戶、大阪、橫濱）、都址三（西京、東京、奈良）、大湖一（琵琶湖），所遇中外士大夫無慮七八十人。既返滬，乃檢逐日所手記者略加刪潤都爲一冊，顏曰《東遊日記》。竊年慶澄之欲爲倭遊者五載於茲矣。今歲始得皖撫歸安沈公書導之先路，乃毅然東渡兩閱月而還，亦生平一快事也，爰樂存之。」

33.《東遊日記》不分卷（1893～1894）

黃慶澄著。國家圖書館藏清光緒二十年（1894）刻本。湖南人民出版社
1983 年「走向世界叢書」本據清光緒二十年刻本校點。黃慶澄，字愚初，浙
江平陽人。光緒十九年（1893）五月初，受安徽巡撫沈秉成和駐日使臣汪鳳
藻的資助前往日本遊歷，同年七月初回國。旅日期間撰有《東遊日記》一冊，
回國的第二年（1894）付刻，卷首僅有孫詒讓序。孫詒讓在序中講到了黃慶
澄日本此行的緣起和收穫：「余友平陽黃君愚初，振奇士也。以學行淹粹，爲
沈仲復中丞所賞異，修書俾遊日本，而我駐日使臣王芝房編修復佽金以助其
行，數旬之間，遍歷彼國東西京以歸。日本與我國同文字，其賢士大夫多通
華學。邦域雖褊小，然能更其政法，以自振立。愚初之行也，蓋欲諮其政俗
得失，以上裨國家安攘之略，顧不獲久留。其歸也，僅攜佛氏密部佚經數十
冊，又爲余購彼國所刊善本經籍數種，皆非其初意也。既又出日記一小冊示
余，識其遊歷所至甚悉。夫中外政治得失異同，其精微之故文字不能宣，其
奇偉廣遠者又非下士所敢言。然則此冊者，其鱹牾之跡耳，何足以見愚初之
志哉！然愚初之志甚盛，方將遊遍五大洲以擴其聞見。遊記之作，將倍蓰而
未已。則以此冊爲之權輿，殆亦愚初所樂爲乎！」黃慶澄在日本遊歷了四通
商口岸（長崎、神戶、大阪、橫濱）、三都址（東京、西京、奈良）、一大湖
（琵琶湖），參觀了郵電、鐵路、司法、員警等機構，還訪問了外務、文部、
陸軍、大藏等省，考察了日本的政黨制度、郵政鐵路、學校教育、風土人情
等。在其日記中，還側重介紹了日本漢學家和我國留日學生的動態。

34.《東瀛閱操日記》一卷（1898）

據《續修四庫全書總目提要稿本》（齊魯書社影印本）第 29 冊第 626 頁
《東瀛閱操日記》提要曰：

> 「《東瀛閱操日記》一卷，清光緒間刊本。清陶森甲撰。森甲，
> 官江蘇候補道、光緒二十四年兩江總督，派赴日本閱操。時當戊戌，
> 政變之局，清廷方革新爲急。森甲於是年八月二十八日東渡，往返
> 僅四十日，爲時甚促。自云於其全國大政不能仔細考究，即陸軍規
> 模、主旨亦復語焉不詳。然稱中國、談日本者以嘉應黃遵憲《日本
> 國志》爲最精，然其書成於光緒初年，與日本近事頗多不符，如太
> 政官太政大臣改爲内閣總理大臣，宫内省及外務省、内務省、大藏
> 省、陸軍省、海軍省、文部省、農商務省、工部省、司法省各卿，

均改爲大臣，各大輔均改爲副官，六管鎮臺改爲中東兩三部都督，十四師團改爲十三師團，炮兵方面改爲兵器補給廠，工兵方面改爲築城廠，其他不可枚舉。足見東邦革進之速。又云據其國勢言之，有極不可及者三：一通國無曠土、無童山，一通國無吸食鴉片之人，採用西法而不爲西法所用，此其所以能自立也。然亦有可訾議者，士大夫各自樹臺、大臣解職，則所援引者皆去不問，其有無功罪界謂不公，貪得地之名以開府臺灣，通商之名以行船吳楚，歲糜鉅款，不知收效何時，是謂失計。評騭日本國情，頗能持平。至其所記，民物風俗，於今猶不相遠也。」

35.《倭都景物志》一卷（1898）

（南海）譚祖綸（建甫）著，卷首有自序和凡例和目錄。上海圖書館藏清光緒二十四年（戊戌 1898）刻本一冊。

該書分 57 門對日本官制、軍事、商業、民政、風俗、禮儀進行了有詳有略的記述，而其中「官制」一門還利用了一系列表格來說明，清楚而詳細，包括《文武高等官官表》、《高等文官年俸二號表》、《高等文官俸給表》、《各國公使及書記官年俸》、《各國領事及書記生年俸》、《陸軍武官官階表》、《陸軍武官年俸表》、《海軍武官官階表》、《海軍武官俸給表》、《海軍準士官俸給表》、《海軍下士卒俸給表》、《水雷艇航海加俸表》等。全書所分的 57 門，包括奉使、經緯、各口通商、全國通商、全國府縣、皇都、賦稅、官制、陸軍官表、海軍官表、官署、海里數目、軍艦數目、各國船數、戶口人數、外國貿易、刑罰、郵便遞信、世系、開設議院、德川氏幕、茶會、慈善會、觀菊會、祭祀日、博物院、勸工廠、婚姻禮節、圖書館、紅葉館、醫院、各鋪招牌、衣式、新年景象、居家禮節、五子棋、工夫茶、娶妻和尚、喪葬禮儀、不忍池、油畫、女堂倌、女僕、溫泉、用夏變夷、水產、看櫻花、淺草寺、風俗詩、浴池、女子頭髻、斷髮文身、浮標礁標、師團兵數、時刻數目、藝者、妓僚、戲院（附中日新立通商行船條約）等。

譚祖綸《自序》：

「自徐福求仙不返，人遂呼日本三島曰神山。然其風物之美，氣候之和，雖神仙境當不是過也。其文字、官制大致與中國同。蓋自兩漢通中國，後學得之者明治維新以來遷都江戶，改名東京。諸藩納土，西法盛行。當時士大夫不無裂冠毀冕，捨己縱人之誚，而

其國勢之易弱爲強，亦因於此。祖綸自光緒辛卯隨使日本，先後凡
再至。居是邦者八閱寒暑，登臨以弔故，諏訪以證今。事過境邊，
恐難尋憶，耳目所及，輒筆於書，聊以備遺忘志泥爪。若謂宣和奉
使而成圖，耶律西遊以作記，方諸斯側，則當退避三舍焉。戊戌仲
夏南海譚祖綸建甫氏自序於扶桑節署。」

《倭都景物志・凡例》曰：

「一、是編將其國之風土人情，姑就所見者一一瑣記。其未經
見僅憑臆度者一概不取。

一、是編所述者僅光緒二十四年即日本明治三十年時事。

一、是編偶有錄日本通商及政事等俱由日本諸書如《明治政覽》
及《職官表》等採其目擊耳聞者譯出，志在核實，不敢誇多。

一、是編均經見聞者列入，其他人日記著述等偶有見過，亦未
可知。」

36.《東遊紀程》（1898）

朱綬著。杭州大學出版社 1999 年《晚清中國人日本考察記集成・教育考
察記》影印本。此書是光緒二十四年（1898）六月至八月作者自費赴日考察
的日記，這是最早的自費赴日的教育考察記

37.《遊歷日本考察商務日記》二卷（1899）

劉學詢著。光緒二十五年（1899）香山劉氏石印本。劉學詢（1855～
1935），廣東香山人，李鴻章幕僚，光緒十二年進士。《遊歷日本考察商務日
記》是作者光緒二十五年（1899）以花翎二品銜、特派專使的身份赴日考察
商務的日記。作者此次東渡日本考察，是與日本駐上海總領事小田切萬壽一
同前往。他們一行從上海啓程，八月二日返抵上海，歷時六十一日。在此期
間，作者先後抵達日本長崎、馬關、神戶等通商口岸及瀨戶、伊豆、橫濱等
重要工商業城市，參觀考察所到之處的商業發展狀況，並逐日將其考察見聞
筆之於書，著成《遊歷日本考察商務日記》。

38.《四川派赴東瀛遊歷閱操日記》二卷（1899）

丁鴻臣撰。國家圖書館藏光緒二十六年（1900）庚子暮春蓉城（成都）
開雕本，書名頁版心均題東瀛閱操日記；上海古籍出版社 2004 年《晚清東
遊日記彙編 2・日本軍事考察記》本影印光緒二十六年（1900）庚子暮春蓉

城（成都）開雕本。該影印本卷前王寶平撰《解題》曰：「二卷，丁鴻臣撰，李宏年校，光緒二十六年（1900）暮春蓉城（成都）開雕。題簽和內封作『東瀛閱操日記』，此據卷端書名。光緒二十五年（1899），爲觀察近衛師團舉行的大演習，著者一行九人（幕友三人，哨官一人，差弁四人），應邀訪問日本。七月十三日從嘉定出發，翌年正月十六日回蓉，歷時半載。他們除在栃木觀操外，還在東京視察了各種文武學校，參觀了西京（京都）、大阪等城市。附錄《上四川總督奎樂帥稟》爲丁鴻臣向上提交的此行考察的總結報告；《復日本駐華參贊楢原陳政書》爲覆函。楢原（井上）陳政曾師從晚清大儒俞樾，時作爲日本外交官駐紮中國，義和團運動時，死於京師。」

39.《遊歷日本視察兵制學制日記》二卷（1899）

丁鴻臣撰。上海古籍出版社 2004 年《晚清東遊日記彙編 2・日本軍事考察記》本影印清鈔本。該影印本卷前王寶平撰《解題》曰：「二卷，丁鴻臣撰，鈔本。內容大致同《四川派赴東瀛遊歷閱操日記》，但略簡。文中（九月十四日條）無對日本各種學校的記載，缺附錄部分和丁鴻臣的卷末跋語，疑爲初稿本。」

40.《東遊日記》不分卷（1899）

沈翊清著。國家圖書館藏清光緒 26 年（1900）福州刻本一冊；上海古籍出版社 2004 年《晚清東遊日記彙編 2・日本軍事考察記》本影印光緒二十六年（1900）福州刊本。該影印本卷前王寶平撰《解題》曰：「不分卷。沈翊清撰，光緒二十六年（1900）三月福州出版。陳寶琛題內封，謝章鋌、孫詒讓、戴鴻慈序。是年日本軍事大演習，邀請中國文武官員前往觀察，著者時爲福建船政局道臺，遂以文官身份與武官丁鴻臣同時前往觀操。該書記著者光緒二十五年（1899）八月從福州出發至十一月回滬這段期間遊歷日本的事宜，可與丁鴻臣的日記互補。」

41.《重遊東瀛閱操記》不分卷（1901）

錢德培撰。上海古籍出版社 2004 年《晚清東遊日記彙編 2・日本軍事考察記》影印本，具體影印版本不詳。該影印本卷前王寶平撰《解題》曰：「不分卷，錢德培撰，題簽作『重遊東瀛閱操記附上政務處條陳』，無刊記。光緒二十七年（1901）日本在仙臺舉行軍事大演習，著者率張國柱等人赴日考察。該書記載是年九月十五日從上海出發至十月十一日回國這段期間在日的

所見所聞。著者此前曾作為第四屆公使黎庶昌參贊，於光緒十三年十一月至十六年十二月駐紮日本，故稱重遊。」

42.《東遊日記》不分卷（1901）

李光麟著。國家圖書館藏清宣統二年（1910）廣東開敏公司鉛印本一冊。本書是作者於光緒二十七年（1901）赴日本參觀軍隊閱兵的遊歷日記。

43.《東遊摠虱》一卷（1901）

（清新安）汪慰撰。上海圖書館藏清光緒28年（1902）木活字本（三養軒日記叢書）一冊。

卷首《連文沖序》曰：

> 「歲壬寅，余守贛無狀，待罪章門。黃孝廉荊翹招余拍影於蜚影室。見壁間懸掛書畫題詠。殆徧心竊異之，案頭置放詩草一卷，讀之多感喟身世似不得志於時者之所為。至感時諸篇則幽咽蒼古於庚子畿輔之亂三致意焉。其沉鬱頓錯處頗得杜少陵衣缽，不禁拍案叫曰：此中大有人在已而。詢知為汪生莘翹所作。亟請一晤，則洵洵有儒者氣象，握手恨相見晚。嗣是杯酒燕笑，朝夕過從，得悉其生平坎坷之狀，謳唏嘘不怡者累日。嗟乎，文人不遇曠古同悲。生年未弱冠有聲庠序，以廩膳生教授鄉里，歷多故復橐筆走揚州，為諸侯上客。五戰棘闈，薦而不售。乃憤而納粟入官，以謀祿陽。舉胸中抑塞磊落不平之氣，盡寄之於詩。水過石則激，瀑出山則流。鴻鵠伍於燕雀則哀鳴，鸞鳳棲於荊棘則幽憤。嗚呼，可以怨矣。生於余，執弟子禮甚恭。余嘉其意不忍過郤暇，出東遊日記一卷囑為校勘，中多蒿目時艱之作，如萬斛源泉坌湧紙上，至其國之人情風土，政事得失，靡不筆而志之，洵天下有心人哉。他日者恢其識量，發為經猷，備專對之使才。洗寒酸之腐氣，知必將出其所學以光吾黨而毋致如不才之無補於聖明也。莘翹勉乎哉！壬寅十有二月天隱子連文沖序。」

作者開篇敘述了前往日本的緣起：

> 「光緒辛丑秋九月，東瀛將有事於大閱，整軍經武，甚盛舉也。時我政府電達直省疆吏選派知兵大員航海往觀，所以親忍善鄰兼資效者，用意至厚。西撫李勉帥乃以錢琴齋觀察躬身其事而親兵營張

砥臣參戎副之。觀察，浙人，參贊日本使館多歷年所，近年會辦江省洋務局事。慰在局供差，極荷青睞，於是備員隨行。卜吉初三日就道時，撫軍創設課吏館，慰與試廁名第二。是日，正值覆試。黎明入館，十二句鐘繳卷。旋稟辭，各上憲。束裝啓行。……」

此書不分卷。記述了作者於光緒辛丑年乘輪船訪問日本，參觀日軍大型軍事演習。自九月初三日啓程，至十月十一日回到上海，往返歷經一月有餘。他遊歷了長崎、馬關、神戶、上野、仙臺、橫濱等地。他最先到達的是長崎，作者描述道：「該處口門緊湊，崇峰包裹，列若屏障，帆檣如織，各國兵輪羅列森布，洵東國大都會也。」隨後抵達馬關，這是日本水軍屯紮之所，作者指出，該處「海面極狹，左右夾山居，人均依山構屋，約千餘家，兩岸山頂各置大炮臺一座。島中大兵輪四艘，爲長崎以內第二口岸。」到達上野後，他們看到勸工廠商店琳琅滿目的商品，不由感歎「該廠百貨俱備，光怪陸離，如遊山陰道中，令人目不暇給」。接著參觀博物院，寫道：「博物院棟宇軒爽，所藏奇珍寶物，炫奪耳目。然皆按部分列，如天文部爲一室，地理部爲一室，文學、武備、服制以及聲光電化飛潛動植等部亦各列一室。每部均標寫名目，供人省覽，又有各國風俗部總爲一室。」同時，作者還寫到了該院所藏的中國文物，不盡十分感慨的說：「去秋由吾華宮禁攜去之金條異寶並大小各炮子亦列其內，不禁感慨繫之。」而且還參觀了上野的美術學校。接著，作者前往仙臺參觀日軍軍事演習，很有收穫。最後，書中詳細記述了日本官制、軍隊、學校、商學、稅收制度等。如記載日本官制曰：「都內分十二省，十二省者，一曰內閣，掌全國重權，凡內政外交諸大端胥歸其總理；一曰宮內省，……；一曰樞密院，……；一曰外務省，……；一曰內務省，……；一曰大藏省，……；一曰文部省，……；一曰司法省，……；一曰遞信省，……；此外又有海軍省、陸軍省、農商務省，各有專司。都內官制如此。其都外則分府、分縣，統名知事。」

44.《東遊叢錄》（1902）

吳汝綸著。杭州大學出版社 1999 年《晚清中國人日本考察記集成・教育考察記》影印本。吳汝綸（1840～1903），安徽桐城人，字摯父，一作摯甫。同治四年進士。師事曾國藩，與李鴻章關係密切。歷任直隸深州、冀州知州，主保定蓮池書院、京師大學堂總教習，並曾赴日本考察學制。以文名於時，宗法桐城派，爲桐城派後期大師，有《桐城吳先生全書》傳世。《東遊叢錄》

為其東渡日本的遊記。當時，清廷為重開京師大學堂，擬聘請吳汝綸擔任總教習一職，吳汝綸固辭不獲，遂請求先赴日考察教育，於光緒二十八年（1902）四月至八月東渡日本考察考察，遂著成此書。此書被學界認為是清末中國人日本教育考察記中影響最廣的著作，對清末的教育改革和發展產生巨大影響。此書於 1902 年 10 月由日本三省堂書店發行。

45.《扶桑兩月餘》（1902）

羅振玉撰。光緒二十八年教育世界石印本；杭州大學出版社 1999 年《晚清中國人日本考察記集成・教育考察記》影印本。作者於光緒二十六年（1900）任湖南農務局總理兼農務學堂監督。次年受張之洞、劉坤一命赴日本考察教育，詳考了日本教育及財政、治體、風俗等情況，著成旅行考察日記《扶桑兩月餘》。所記時間上起自光緒二十七年（1901）十一月，迄於光緒二十八年（1902）正月，歷時兩個多月，遂名其遊歷日記為《扶桑兩月餘》。

46.《壬寅東遊日記》（1902）

嚴修著。天津人民出版社《嚴修東遊日記》1995 年校點本。嚴修（1860～1929），字範孫，天津人。光緒癸未（1883）進士，選庶起士。後授翰林院編修、國史館協修、會典館詳校官、各直省鄉試試卷磨勘官。光緒二十年（1894），三十五歲的嚴修被任命為貴州學政，任滿回京後，請假回津。在經歷八國聯軍攻陷京津之亂後，嚴修深受刺激，認定非興學不足以圖存，遂堅定了走「教育救國」道路的決心。為了借鑒日本發展教育的經驗，嚴修在光緒二十八年壬寅（1902）率兩子自費東渡日本考察教育，此次考察歷時兩月有餘，將考察見聞和所感逐日記述，著成《壬寅東遊日記》。

47.《海外叢稿》四卷（1902）

但燾（植之）著。四卷。上海古籍出版社 2002 年《晚清東遊日記彙編・日本政法考察記》影印本，據宣統元年（1909）六月日本東京秀英舍第一工廠印刷版影印。卷首有盛宣懷、賀綸夔等人的題字和來函，其後為李家駒的序和作者的自敘。本書為作者光緒末年旅日遊學期間的詩文集，共四卷：卷一為詩；卷二為文，包括《地方自治叢編序》、《各國上院紀要序》等；卷三為有關法律制度的箚記，卷四則為有關日語詞彙的箚記。但燾《自序》曰：

> 「擔囊東徂，七越春秋。校課之暇，輒憲弄筆，不自護惜，為鼠齧敗。爰就記憶，雜錄於紙，取便翻閱，匪曰能文。嗟乎！匪時

明法一簣，尚虧報國文章，寸心負疚，用付手民，以誌吾過。己酉
六月蒲圻但燾敘，時遊學日本東京中央大學部英法科。」

48.《東瀛學稼日記》不分卷（1902）

路孝植著。上海圖書館藏清光緒28年（1902）稿本一冊。

49.《東瀛觀兵紀事》不分卷（1902？）

程恩培撰。上海圖書館藏民國年間鉛印本一冊。

50.《瀛洲觀學記》（1902）

方燕年著。杭州大學出版社1999年《晚清中國人日本考察記集成·教育
考察記》影印本。此書是光緒二十八年（1902）冬作者奉山東巡撫周馥之命
赴日考察學務的筆記。

51.《遊日本學校筆記》（1902）

項文瑞著。杭州大學出版社1999年《晚清中國人日本考察記集成·教育
考察記》影印本。此書是光緒二十八年（1902）六月至十二月作者受上姚子
讓等人委派，赴日考察各級學校教育的參觀考察記。

52.《遊歷日本日記》不分卷（1903）

聶嗣中著。國家圖書館藏清末（1851～1911）木活字本二冊。本書是作
者光緒二十九年（1903）赴日考察學校教育制度的考察日記。

53.《癸卯東遊日記》不分卷（1903）

林炳章著。國家圖書館藏清光緒間（1875～1908）鉛印本一冊。據《歷
代日記叢鈔提要》（學苑出版社2006年版）第358頁《癸卯東遊日記》「提
要」曰：「林炳章（1875～1923），福建福州人，字惠亭，清名臣林則徐之曾
孫。清光緒二十年（1894）進士，曾任福建師範學堂副監督、福建高等學堂
監督、郵傳部丞參等職。民國時期，又曾任福建財政廳長、閩海關監督等職。
此日記起自光緒二十九年（1903）五月初四日，至六月初六止，記其借前往
日本參加明治三十六年大阪博覽會之機，考察日本風土人情、政治、軍事、
教育體制等內容，同時也記載了博覽會之農業館、林業館、水產館、工業館、
商業館、美術館等多處場館的展覽情況。另外，著者記錄了博覽會臺灣館的
一個內幕：『前月曾以吾閩出品附列於臺灣館，日之居心已可概見，幸為留
學生極力爭回』云云，可為當時中日微妙關係的側面反映，屬於其他資料中
少見內容。」

54.《東遊日記》一卷（1903）

蔣黼撰。國家圖書館藏光緒年間刻本。蔣黼（1866～1911），字觀宸，一字伯斧，江蘇吳縣（今蘇州市）人。生平見羅振玉撰《墓誌銘》，刊入《雲窗慢稿》。《東遊日記》一開篇就介紹了作者此次東遊日本的緣起：「光緒二十九年二月初九日在淮安由羅君叔蘊處送來日本博覽會總裁平田東助氏請帖，邀往大阪觀第五回內國勸業博覽會。」蔣黼遂於同年四月二十五日抵達上海，次日同南通張謇一道登上了博愛丸遊輪前往日本觀會。日記自次日起逐日記載，至六月初六返回上海止。他們在日本期間，除了參觀大阪博覽會外，還著重考察了日本的教育和工農業諸事。本書在卷首有羅振玉等人的題詩，卷末附《調查日本鹽業記》及《答友人問日本教育概略書》。羅振玉題詩云：「先後浮槎兩少年，遠近徐市海東邊」，稱讚了蔣黼和張謇的此次東渡之行，《續修四庫全書總目提要稿本》（齊魯書社影印本）第 37 冊第 401 頁《東遊日記》提要曰：

> 「《東遊日記》一卷，吳縣蔣氏刊本。清蔣黼撰。黼，字觀宸，一字伯斧，號文子。吳縣人，諸生，歷官學部候補郎中，二等諮議官。黼曾祖元甄，祖錫寶，父清翊，並以儒行吏能著稱，清翊尤淵雅，著述甚富，多未梓行。黼濡染家學，尤精雅詁，生值叔季，留心事故。嘗與同志結學農社於淞濱，講求本富之術，顧闇默深藏，不欲與時流競逐，鶩聲氣，浮湛閒曹，年僅中壽，士論惜焉。性迂緩矜慎，著述少不愜意輒毀棄，故多不克就。寫定印行者僅《沙州文錄》及此記耳。記中述遊程見聞、綜括首尾，不憚觀縷而尤詳於學制農蠶，末附調查日本鹽業記及答友人問日本教育概略書。書言今日輶軒之使，旁午於道，往往端詳瑣屑，轉遺本原，無以收他山之益。因舉定一尊、明倫理、重功德、養廉恥、晶自立、作勇氣、教嬰孩、重音樂八事為答，頗切中時弊。」

55.《東遊日記》（1903）

周學熙著。國家圖書館藏清光緒二十九年（1903）鉛印本。此書是光緒二十九年（1903）赴日考察實業和學校的遊歷日記，卷首有傅增湘序，卷末有作者的跋文。

56.《癸卯東遊日記》不分卷（1903）

張謇著。國家圖書館藏清光緒 29 年（1903）八月十五日江蘇通州南門外

濠河邊翰墨林書局鉛印本一冊；《晚清中國人日本考察記集成・教育考察記》據光緒 29 年江蘇通州翰墨林書局鉛印本影印。張謇（1853～1926），近代立憲派、資本家。字季直，江蘇南通人。光緒二十年狀元。早年入淮軍將領吳長慶幕。光緒二十一年（1895）開始創辦紗廠，接受官股紗錠二萬四百枚，折價二十五萬兩，另召募民股十五萬餘兩，興建廠房，至光緒二十五年（1899）在南通建成大生紗廠。進而舉辦通海墾牧公司、大達輪船公司、復新麵粉公司、資生鐵冶公司、淮海實業銀行等企業。並投資蘇省鐵路公司、大生輪船公司、鎮江大照電燈廠等九個企業。清末參與發起立憲運動，光緒三十二年（1906）成立預備立憲公會，宣統元年（1909）當選爲江蘇諮議局議長。辛亥革命後任南京臨時政府實業總長，擁護袁世凱，並組織統一黨與國民黨對抗。曾任袁政府農商總長。在五四運動和五卅運動中反對革命。1925 年大生紗廠負債被清算，次年病死。著有《張季子九錄》、《張謇函稿》、《張謇日記》、《嗇翁自訂年譜》等。

《癸卯東遊日記》係光緒二十九年（1903）四月至六月張謇以實業家的身份自費赴日考察實業和教育的日記。起自光緒二十九年四月二十五日訂日本博愛丸船票東行，至六月初四日止。張謇此次東遊，除了考察實業和教育，他還特地在五月二十八日前往大阪參觀了大阪世博會，專門參觀考察了水產館中鹽產品及農業館中的農工器具。還值得指出的是，在四月二十七日的日記中，作者有言：「日人自甲午後創赤十字會，造宏濟、博愛二丸，用日金一百萬圓。無事則租與郵舩株式會社，歲徵租金五萬圓，分二十年歸其造本。常時修理之費，則郵舩會社任之。聞歐人近造戰船亦用此法，有戰事則配炮，無戰事則經商。國家省平日養船之費，兵商有聯爲團體之思，良法也。」有上述之言，可以看出作者張謇的商業思想。

張謇此次東渡，同行者蔣黻也著有《東遊日記》。

57.《鑰庵東遊日記》不分卷（1903）

凌文淵著。國家圖書館藏清光緒 30 年（1904）江南商務總局鉛印本一冊。卷首陶森甲、王宗炎序。

凌文淵（1866～1941），江蘇泰縣人，字植之，號隱峰居士。擅繪畫，與齊白石、陳師曾等畫家交好，曾擔任民國財政部次長、總長等職。《鑰庵東遊日記》記載時間起自光緒二十九年（1903）三月二十一日，至同年六月二十七日止，是爲凌氏隨劉聚卿等人赴日本大阪參觀日本第五次內國勸業博覽會

之行的日記。

58.《東遊日記》不分卷（1903）

傅廷臣著。國家圖書館藏清末（1851～1911）抄本一冊。光緒二十九年（1903）日本組織第五、第十、第十一三師團在兵庫縣進行盛大的軍事演習，邀請中、朝及歐美各國前往觀禮。作者於是年七月奉命前往日本觀操，前後歷時五十餘日，此書即為此行的日記。日記中對日本的政治、學校和軍事營務都有詳細記述。

59.《日遊彙編》（1903）

繆荃孫編。國家圖書館古籍館普通古籍閱覽室藏清光緒間（1875～1908）刻本四冊，書名據書名頁題；12 行 28 字黑口左右雙邊單魚尾。杭州大學出版社 1999 年《晚清中國人日本考察記集成·教育考察記》影印本。繆荃孫（1844～1919），字炎之，一字筱珊，晚號藝風，江蘇江陰人。光緒進士。曾任翰林院編修、清史稿總纂。歷主南菁、濼源、鍾山等書院講席。先後創設江南圖書館、京師圖書館。撰有《藝風堂文集》、《藝風堂藏書記》及《藝風堂金石文字目》等著作。作者所編《日遊彙編》目次如下：1.《高等師範學校校長嘉納君講義》一卷，（日本）嘉納治五郎講、繆荃孫編輯；2.《文部省直轄諸學校沿革表》四卷；3.《文部省直轄諸學校表》一卷；4.《日本考察學務遊記》一卷（繆荃孫撰），附《日本訪書記》一卷。其中繆荃孫《日本考察學務遊記》，所記起於光緒二十九年癸卯（1903）正月，止於同年五月，作者時任江南高等學堂總教習，是年奉命赴日本考察學校制度，歷抵長崎、神戶、東京、大阪等地，同行者有十一人，包括徐乃昌、孫筠、柳詒徵等。

60.《東瀛紀行》（1903）

胡景桂著。杭州大學出版社 1999 年《晚清中國人日本考察記集成·教育考察記》影印本。此書是作者於光緒二十九年（1903）五月至六月奉直隸總督袁世凱之命前往日本考察學務的遊歷考察記。

61.《隨槎日記》（1903）

晏宗慈著。杭州大學出版社 1999 年《晚清中國人日本考察記集成·教育考察記》影印本。此書是光緒二十九年（1903）五月至六月作者以直隸學校補用同知身份，奉直隸總督袁世凱之命，隨胡景桂前往日本考察學務的遊歷考察記。

62.《日遊筆記》（1903）

王景僖著。杭州大學出版社 1999 年《晚清中國人日本考察記集成·教育考察記》影印本。此書是光緒二十九年（1903）九月至十月，作者以直隸學校司普通教育處編譯處總辦的身份，奉直隸總督袁世凱之命，率領 23 名天津及保定的學生赴日留學並考察日本學務的考察記。

63.《甲辰東遊日記》（1904）

胡玉縉著。此書是作者於光緒三十年（1904）以湖北知縣身份，奉湖廣總督張之洞之命前往日本考察的日記。

64.《東瀛觀學記》（1904）

劉紹寬著。此書是光緒三十年（1904）著者以龍湖書院山長身份，自費赴日考察學校教育的考察記。

65.《日本留學參觀記》（1904）

蕭瑞麟著。杭州大學出版社 1999 年《晚清中國人日本考察記集成·教育考察記》影印本。此書是光緒三十年秋至光緒三十一年春（1904）作者東渡留學入速成師範學校，利用課餘之暇考察東京各級各類學校的參觀考察記。

66.《甲辰東遊勝錄》不分卷（1904）

佚名撰。上海圖書館藏清光緒 30 年（1904）稿本二冊。

67.《第二次東遊日記》（1904）

嚴修著。天津人民出版社《嚴修東遊日記》1995 年校點本。光緒三十年（1904）5 月，袁世凱任命嚴修為直隸學校司督辦，負責全省的教育改革事宜。是年 5 月 9 日就職不久，在 5 月 21 日就偕同張伯苓等再次赴日考察教育，參觀日本各級各類學校，學習日本的教育行政制度。此次考察也歷時兩月有餘，將考察見聞寫成《第二次東遊日記》。

68.《扶桑考察筆記》二卷（1904～1906）

金保福著。上海古籍出版社 2002 年《晚清東遊日記彙編·日本政法考察記》影印本，據光緒三十三年（1907）刊本影印。全書分上下二卷，徐琪題簽，卷首有光緒三十三年作者自序，卷末還附有正誤表。據作者自序，作者於 1904 年秋，奉岑雲階、張安圃命，考取派赴日本學習法政，在學期間先後與李仲芝、曹九疇、金子才及湖北遊歷官慶松崿等人一同參觀考察了日

本的政府機構和學校。1906 年夏，由政法大學、警務學堂畢業後，又有實地考察之舉。此書即是作者在日本的政法考察筆記。

卷首《自序》曰：

> 「我國夙昔閉關自守，人民不相往來。迨海禁大開，互市通商，國家歲遣使臣，時修聘問。萬里重瀛，幾同跬步，斯亦亘古未有之局。惟是柳往雪來，而他國之風俗文化皆宜節取其長方足爲文明之進步。曩時郭筠仙、曾惠敏、薛庸庵諸公恒有遊記之作，由是士大夫馳驅異國，亦有記載之刻。其尤者，頗足以供輶軒之採。余在粵時，即酷嗜觀覽遊記，誠以焚香一卷，不啻馳身異域作宗少文之臥遊也。甲辰秋，余奉岑雲階宮保、張安圃宗丞考取派赴日本學習法政，即樂得遊覽他邦，足資考鏡。甫到未久，適子才弟由都到贛聽鼓。旋奉胡夏中丞派赴東遊歷考察。歲杪到東，功課之暇，亦時同李仲芝太守、曹九疇內翰及子才弟諸君齊往參觀。歷時未久，又逢湖北遊歷官慶松喦太守等來京考，東京學界以蜀、湘兩省人數眾多，而政界則以鄂省爲最夥，絡繹不絕，輶車相望於道。慶君以奏補實缺荊門直隸廳未腹篆之先請准張香濤宮保備資遊歷，以爲各省之倡。到時亦復邀往考察，而眼界遂稍稍開拓矣。至去年夏間，政法大學警務學堂兩校卒業，又有實地體驗之舉。凡司法、行政各官廳及官私所設物業，有關於政治之學者，有校中導往參觀，藉資考證。與其國賢士大夫相接，於其國中社會人民之情狀一切精神形式尚能窺見其本原所在，首在教育。其諸東方之學國歟？卒業時，適子才弟奉吳仲帥派充江西留學生監督。奉家慈迎養扶桑，母子兄弟，一家骨肉，忽聚於海上神山蓬萊仙境，亦佳話也。本擬盤桓數月於未曾身莅者，再編爲觀覽。以粵督岑宮保電促回粵呈繳證書，是以不果。日前掇拾參考筆錄，於其無關係者悉刪汰之，名曰《扶桑考察筆記》，不敢謂東瀛三島政治文學抉擇無遺，然官廳局所、學校、銀行，大概悉具。苟能籍此以爲考核之基，或不無萬一之補云爾。丁未六月瀋陽金保福敍。」

69.《乙巳東遊日記》一卷（1905）

張維蘭著。國家圖書館藏清光緒間（1875～1908）京華印書局鉛印本。

張維蘭，玉田人，生卒年不詳。此日記爲作者於光緒三十一年（1905）受命

赴日考察學校所記。據卷首作者小識:「乙巳(1905)四月,項城制府令直隸各屬選派紳士赴日本考察學校,邑尊周沁甫師遂令劉君春甲與余同去。五月初五日由津赴東,十月初九日由東返津,凡五閱月。擇要記錄,其無足記者付之闕如焉。」此書記事詳備,涉及日本民風民俗、社會情況、學校教育、經濟、法制狀況以及行政區劃等,其中以記載日本學校教育之法尤為詳細。

70.《乙巳東遊日記》一卷(1905)

陳榮昌著。國家圖書館藏清光緒三十一年(1905)雲南官書局刻本一冊。卷首有錢鴻逵序。《乙巳東遊日記》為陳榮昌於光緒三十一年(1905)赴日考察的日記。據錢鴻逵序可知,作者陳榮昌此行日本,「既至東,適諸校暑假修業,視察未便。先生迺先考實業,循足尾,越青森,渡輕津峽,歷北海道,經札幌,詳考農礦森林牧畜諸實業,記載明備。返東都,各學校次第修業,先生逐日參觀不倦。凡政治、教育、實業、軍事諸規制,留學生錢良俊。李培元譯而告之,先生默而識之,歸而筆之,不日集為數冊。使人一覽瞭如有激發愧勵之思焉。」

71.《東瀛觀學記》一卷(1905)

劉紹寬撰。上海圖書館藏清光緒 31 年(1905)鉛印本一冊。

72.《乙巳東瀛遊記》不分卷(1905)

周錫璋著。國家圖書館藏清光緒 31 年(1905)鉛印本一冊(此藏本為陳垣先生所贈書)。卷首有呂海寰敘,卷末有自識。本書是作者於光緒三十一年七月至九月赴日本進行工藝考察的遊記。作者在日考察兩月,參觀了十餘個工廠,並且還購買了其製造煙草的機器,這些在其遊記中都有記述。

73.《三島雪鴻》(《東鄰觀政日記摘錄稿》)不分卷(1905)

段獻增著。上海古籍出版社 2002 年《晚清東遊日記彙編・日本政法考察記》影印本,據京華印書局排印本影印。該影印本卷前劉雨珍、孫雪梅所撰《三島雪鴻・提要》指出:「光緒三十一年(1905),著者以直隸鹽山縣的身份,循例赴日考察行政機關及學校制度。同行者有邢臺縣知縣田鴻文、博野縣知縣鄧炎芬、無極縣知縣鮑德鄰、清豐縣知縣馬覲臣、實任知縣張樸、奴錫章、馬丙炎、許辰田、王春藻。是書雖名曰『日記』,但由於著者認為『日記體裁繁瑣,不甚塵瀆』,於是模仿吳汝綸《東遊叢錄》的『摘抄之例,擷要錄列』。……另外,同行的田鴻文著有《(乙巳)東遊日記》(一九〇五

年），保定學務處排印。」

74.《東遊考政錄》不分卷（1905）

劉瑞璘著。上海古籍出版社 2002 年《晚清東遊日記彙編·日本政法考察記》影印本，所據版本不詳。該影印本卷前劉雨珍、孫雪梅所撰《東遊考政錄·提要》指出：「光緒三十一年（1905）六月，著者以直隸正定府欒城縣知縣的身份，受直隸總督袁世凱的委派赴日考察政治。同遊者有實缺知縣李盛鑾、宣化府西寧縣知縣高承樞及直隸所派第二期遊歷士紳武幼邊、楊雨農等七十二人。自六月初十日由天津出發東渡至八月二十日離日，往返兩月餘。……是書以日記體對所觀之處逐日記載，內容較詳。」

75.《東隅瑣記》不分卷（1905）

李濬之著。國家圖書館藏清光緒間（1875～1908）鉛印本一冊。光緒三十一年（1905）李濬之奉張之洞委派前赴日本考察實業，凡五閱月。歸國後將考察所得編成《東隅瑣記》。又將在上海、濟南、青島等地的遊歷見聞，筆記成文，附於卷尾。作者在卷首題識曰：「客秋南皮撫帥派遊日本，辭不獲已，乃由天津東渡，往返凡五閱月。自恨聞見無多，旋里措資，復自津赴申，折青島而濟南，是役也，又七十餘日。管窺所及，拉雜記之。」全書不分卷，由 9 個獨立的篇章構成。具體篇次如下：東遊航路、師範學校、川崎鐵工場、東京帝室博物館、南現長料理店、上海集成紡織公司、德華書院、上山西撫憲條陳、山東大明湖。

76.《東遊日記》不分卷（1905）

鄭元濬著。杭州大學出版社 1999 年《晚清中國人日本考察記集成·教育考察記》影印本。此書是光緒三十一年（1905）六月至九月作者奉直隸總督袁世凱之命，前往日本考察學校、員警、司法和實業的遊歷考察記。

77.《東瀛見知錄》不分卷（1906）

涂福田著。卷首有崇陽劉梓的敘。上海古籍出版社 2002 年《晚清東遊日記彙編·日本政法考察記》影印本，所據版本不詳。光緒三十二年（1906），著者以直隸鉅鹿縣知縣的身份赴日東遊，同行者有新選趙州知州恩惠、寧津縣知縣祿坤、準補滿城縣知縣吳烈。此行歷時三個月，他們參觀了日本的各級各類學校、銀行、郵局、市政機關以及司法員警機構等。考察後所撰「日本所行之有效，爲我直隸所急宜倣辦」的十條建議附於本書卷末。同行者恩

惠著有《東瀛日記》（1906年）、吳烈著有《丙午東遊日記》（1906年）。

78.《調查日本裁判監獄報告書》不分卷（1906）

王儀通編輯。卷首有作者自敘。上海古籍出版社2002年《晚清東遊日記彙編・日本政法考察記》影印本，所據版本不詳。此書是作者等人在光緒三十二年（1906）考察日本裁判監獄的報告書，由調查裁判清單和調查監獄清單兩部分構成。正文開篇即爲法律修訂大臣沈家本所撰的《調查日本監獄情形摺》，據此可知：沈家本「於光緒三十一年九月奏派刑部候補郎中董康、主事王守恂、麥秩嚴赴日本調查裁判監獄事，宜以爲將來試行新律之參考。旋王守恂經巡警部奏調。復於三十二年三月奏請改派刑部郎中饒昌麟，並添派日本法科大學學生熊垓幫同調查，均蒙俞允在案。該員等於是年四月間偕同自備資斧隨往遊歷之。刑部候補員外郎熙楨、四川綦江縣知縣區天相由京起程，行抵天津饒昌麟因病折回，董康等四員相率東渡，於閏四月間始至東京，審知司法一項，端緒棼如。適學部奏派刑部員外郎王儀通調查學務，復諮派該員襄理編輯。」光緒三十二年十二月董康等人先後回京。王儀通將他們此行的調查報告編輯後交由沈家本，由沈家本領銜上奏朝廷。據該書目錄，調查裁判清單包括司法權、裁判所及檢事局、通用規則、職員四部分構成；調查監獄清單則由沿革、構造、刑罰、監獄定義、官吏、監督權、拘禁制度、犯罪者之分類、入監、檢束、待遇、懲過、賞譽、通信、作業、工錢、衛生、出監、監獄統計、拘置監、未成年監、懲治場等二十一部分構成。

王儀通在卷首《敘》云：

「近十年效法日本之說盈於耳，遊歷日本之人接於途。若教育、若法政、若軍事、如實業，譯述都富，疲於揭櫫，而假手留學生綴拾陳言數十紙歸以報告者，亦屢覯焉。去年在日本與其國學者語，豔稱吾國桐城吳摯甫先生及董授經刑部爲遊歷家之巨擘。桐城負當事學望者數十年，述作風行海內外，東士有著弟子籍者，其獲盛名也固宜。若授經之陸沈人海枯寂類處士，平日不輕以撰著示人，無交遊，無介紹，一旦出其所學，與彼都法律家相質問顧爲所傾倒。如此公論伸於異域，是可傷也。余寓東京本鄉區西須賀町，距授經所寓之小石川區餌差町約一里許。間日過從，見其出則就齋藤、小河、岡田諸學者研究法理，入則伏案編輯，心力專注，殆無片刻暇。自顧翫愒深愧弗如。昔桐城之東遊觀學也遭重謗，不可思議。授經

性不諧俗，受謗不自赴日本始，而歸自日本積毀益甚。人或為之扼
腕，授經亦不免有所憂畏，獨沈侍郎謂其遇阨而學昌，是大可憙，
所以期授經之自待當何如耶？幼時讀屈子卜居至禪翼為重，千鈞為
輕，黃鍾毀棄，瓦釜雷鳴，輒悁邑縈日，迨讀書稍多，閱世稍久，
知為理之至，常可置不論而深有味於孟子動心忍性之言。吾所以有
大患者，為吾有身歸之自己而不在人。吾願授經之有以自壯也。授
經將輯調查日本裁判監獄各為專書。先取沈侍郎奏牘付印，以供眾
覽，附松岡所著《日本裁判沿革大略》、岡田所著《死刑宜止一種論》，
校讎一過，為敘梗概以歸之。時在光緒丁未五月中瀚志庵王儀通謹
識。」

79.《調查東瀛監獄記》不分卷（1906）

長白熙楨著。上海古籍出版社 2002 年《晚清東遊日記彙編・日本政法考
察記》影印本，所據版本不詳。卷首有照片十幀，其中首尾兩幀為作者像，
其餘則為作者所乘車船及東京地區建築設施的照片。光緒三十二年（1906），
熙楨奉命與董康、麥秩嚴等人前往日本考察犯人裁判與監獄事宜，本書即為
其調查的筆記。卷末還附有《刑事被告人遵守條例》與《囚犯與懲治人遵守
條例》。

80.《東瀛員警筆記》四卷（1906）

舒鴻儀著。上海圖書館藏清光緒 32 年上海樂群圖書局（1906）鉛印本一
冊；上海古籍出版社 2002 年《晚清東遊日記彙編・日本政法考察記》影印本，
據光緒三十二年（1906）八月上海樂群圖書編譯局刊本影印。卷首題巡警部
員外郎舒鴻儀著、委員章蘭蓀校，其後為王虞序及作者自序，卷後還有陳瑜
的跋。據作者自序可知，光緒三十二年四月至八月，作者同章蘭蓀奉命東渡
日本考察警政，「見其人民風俗與其員警官吏相往還，乃歎百聞不如一見，洵
非虛語。因與章君蘭蓀將學堂講錄、參觀日記、友朋對答之語與所製贈圖表
隨時連綴，積成此篇。」

81.《日本員警調查提綱》不分卷（1906）

雷廷壽編輯。上海古籍出版社 2002 年《晚清東遊日記彙編・日本政法考
察記》影印本，所據版本不詳。卷首有作者自序。光緒三十二年（1906）八
月，雷廷壽被巡警部派往日本考察員警制度，同年十二月回國，此即其在日
本的調查報告。此調查報告是作者「就見聞所及並參考漢譯員警諸書而以私

意類別之，都爲八篇」，即憲法篇、命令篇、官制篇、許可權篇、任用篇、俸給篇、紀律篇、賞罰篇。

82.《東遊日記》不分卷（1906）

楊泰階著。國家圖書館藏清末（1851～1911）抄本二冊。此書是作者光緒三十二年（1906）赴日參觀考察的日記。

83.《東瀛參觀錄》不分卷（1906）

李澍恩、李達春著。國家圖書館藏清光緒 32 年（1906）鉛印本一冊。卷首有光緒三十二年杜福垣序。該書是作者在光緒年間在日本學習及參觀考察教育及司法員警制度的筆記。全書分爲參觀、演說、贈言三部分。具體目錄包括：參觀（包括東京高等師範學校、埼玉縣師範學校、東京日本橋區公立尋常高等小學校、本鄉區追分尋常高等小學校、東京公立第一中學校、高等師範學校附屬中學校、東京府公立第三中學校、東京府公立第四中學校、東京高等女子師範學校附屬高等女學校小學校幼稚園、埼玉縣女子師範學校附屬高等女學堂並尋常高等小學校、東京府立第三高等女學校、東京市立特殊尋常小學校、盲啞學校、帝國議會院、東京警視廳、員警署及附屬消防局、大審院控訴院地方裁判所、巢鴨監獄、東京市立養育院、農商務省商品陳列館、惠比壽株氏會社麥酒釀造所、造水廠、氣象臺等篇）、演說（包括校長嘉納治五郎、教習波多野、教習本莊、教習溝淵進馬的演說）、贈言（教習新居友三郎的贈言）

84.《東遊日記》（1906）

郭鍾秀著。杭州大學出版社 1999 年《晚清中國人日本考察記集成‧教育考察記》影印本。此書是光緒三十二年（1906）三月至五月作者奉直隸總督袁世凱之命，前往日本考察學校、教育的遊歷考察記。

85.《嶽雲盦扶桑日記》（1906）

吳蔭培著。杭州大學出版社 1999 年《晚清中國人日本考察記集成‧教育考察記》影印本。此書是光緒三十二年（1906）七月至十月作者受兩江總督端方的委派，以新授廣東潮州府遺缺知府身份，自備資斧，赴日考察教育的考察日記。

86.《東航紀遊》（1906）

李文幹著。杭州大學出版社 1999 年《晚清中國人日本考察記集成‧教育

考察記》影印本。此書是光緒三十二年（1906）九月至十一月作者受江西巡撫吳重熹委派，以江西信郡中學教員身份赴日考察學務的考察遊記。

87.《東遊日記》（1907）

黃黻著。杭州大學出版社 1999 年《晚清中國人日本考察記集成‧教育考察記》影印本。此書是光緒三十三年（1907）三月至六月作者受江蘇巡撫陳夔龍委派，以江蘇勞績試用直隸州知州身份赴日考察的日記。

88.《東瀛參觀學校日記》（1907）

呂珮芬著。杭州大學出版社 1999 年《晚清中國人日本考察記集成‧教育考察記》影印本。此書是光緒三十三年（1907）八月至十一月作者以翰林院侍讀身份受清朝學部委派，赴日考察學校教育的日記。

89.《瀛洲客談》（1907）

鄭崧生著。杭州大學出版社 1999 年《晚清中國人日本考察記集成‧教育考察記》影印本。此書是光緒三十三年（1907）九月至十二月作者被委以直隸新城縣令，循例赴日考察的筆記。

90.《東瀛參觀學校記》不分卷（1907）

呂佩芬撰。上海圖書館藏清光緒 34 年（1908）呂氏晚節香齋鉛印本一冊。

91.《東遊日記》不分卷（1907）

吳庭芝著。國家圖書館藏民國間（1912～1949）抄本一冊。此書是光緒三十三年（1907）八月初一日至十月十八日作者奉學部委派赴日本考察政治的日記。

92.《東遊日記》不分卷（1907）

左湘鍾著。國家圖書館藏清末〔1851～1911〕抄本。左湘鍾，是清末栢鄉縣知縣，此書是左氏於光緒三十三年二月至八月日本之行的遊歷日記，逐日記述。

93.《遊歷東洋日記》一卷（1907）

黃明新撰。南京圖書館藏清光緒三十三年（1907）鉛印本。

94.《藚盦東遊日記》不分卷（1907）

樓藜然著。國家圖書館藏清光緒 33 年（1907）中合印書公司鉛印本一冊。卷首有孫鏘敘。著者樓藜然，生卒年不詳，浙江諸暨人，清末任候選道四川

漢州知州。《藕盦東遊日記》爲樓氏於光緒三十三年（1907）三月二十一日至六月十九日由上海赴日考察遊歷的日記。在日記中對其考察行止所至、道里遠近、風物人情、工廠學校、維新變法、行政管理、鐵路建設、司法員警制度等都有詳細的記述。作者此行特別側重實業的考察，這在日記中都有真實的反映。

95.《赴日觀操報告書》不分卷（1907）

作者不詳。上海古籍出版社 2004 年《晚清東遊日記彙編 2・日本軍事考察記》本影印本，具體影印版本不詳。該影印本卷前王寶平撰《解題》曰：「不分卷，作者不詳，封皮墨題『赴日觀操報告書』，卷端書名作『光緒三十三年赴日觀操報告書』，無刊記。該書爲光緒三十三年（1907）觀察日本軍事演習報告書。首有目錄，第一編大操前之設備，第二編大操實紀，後者逐日記載演習情況，間有附圖。」

96.《東遊紀略》不分卷（1907）

趙詠清著。上海古籍出版社 2002 年《晚清東遊日記彙編・日本政法考察記》影印本，據光緒三十三年（1907）活字版影印。光緒三十三年正月至四月，趙詠清經吏部批准，「自備資斧，遊歷東洋考察政法」。在日期間，趙詠清者遊歷考察了日本的各級各類學校和監獄等處，並聘請日人講述日本法律問題七周。本書逐日記述了趙詠清遊歷日本的考察見聞及經過。

97.《日本各政治機關參觀詳記》不分卷（1907）

劉庭春等編著。上海古籍出版社 2002 年《晚清東遊日記彙編・日本政法考察記》影印本，據光緒三十三年（1907）日本並木活版所、警監研究社刊本影印。卷首有劉庭春的序。本書編著者均爲留日學生，這是由他們利用課餘時間考察日本的警政機關的考察筆記編輯而成。全書共分爲員警、地方行政官廳、裁判所、監獄四編，每編下又分成若干章節目，內容頗爲詳細。

98.《蛉洲遊記》不分卷（1907）

劉栘著。上海古籍出版社 2002 年《晚清東遊日記彙編・日本政法考察記》影印本，所據版本不詳。卷首有劉栘自序。本書是作者在光緒三十三年（1907）十月至光緒三十四年（1908）正月赴日考察的遊記，全書按照時間順序逐日記載遊歷見聞。

99.《遊東日記》不分卷（1908）

王三讓著。上海古籍出版社 2002 年《晚清東遊日記彙編・日本政法考察記》影印本，所據版本不詳。卷首有王三讓自序。光緒三十四年（1908），作者以直隸永平府盧龍縣舉人的身份，作爲直隸第三期赴日考察地方自治士紳的一員東渡日本，此爲作者考察日本員警、學校、監獄的日記。

100.《鈍齋東遊日記》不分卷（1908～1909）

賀綸夔著。國家圖書館藏清宣統元年（1909）鉛印本一冊；上海古籍出版社 2002 年《晚清東遊日記彙編・日本政法考察記》影印本，據宣統元年上海商務印書館鉛印本影印。卷首有作者親自題簽及自敘，卷末還附有正誤表。《鈍齋東遊日記》記述的是賀淪夔於光緒三十四年（1908）赴日本遊歷考察的記錄，內容詳細。本書記載起始於光緒三十四年十二月十四日由成都啓程抵武昌，經杭州、上海，東渡日本，在日本考察了三個月。日記逐日記載，至宣統元年（1909）七月初十日止。內容涉及日本的政治、軍事、鐵路、學校、工商業、銀行業及風土人情等方面。

該書卷首《自敘》曰：

> 「質魯曰鈍，又曰滯鈍不及事。以鈍名齋，自鳴亦自箴也。綸
> 夔丙申入蜀，迄今十有四載，始而從學舊政，繼而承之新政，雖犖
> 犖焉莘莘焉，無或倦懈，而於中外新舊互參之密彙與夫經權之妙用，
> 終懵焉而無所識。去冬請於大府東行觀政，將欲溶魯而淪鈍，顧居
> 東國僅三閱月，見聞陋略，探海遺珠，是猶望神山而風引之遠也。
> 則所以溶魯而淪鈍者，蓋幾希矣。旅寓倉猝，日觀夜書，蕪雜未芟。
> 鄙俚不文，尤不足言編述。覽斯記者，其所以爲驪龍之鱗爪可爾。
> 宣統元年仲秋月上浣日蒲坼賀綸夔自敘。」

101.《東遊日記》（1908）

定樸著。杭州大學出版社 1999 年《晚清中國人日本考察記集成・教育考察記》影印本。此書是光緒三十四年（1908）十月至十二月作者卸去吉林賓州縣知縣之職，稟請吉林巡撫朱家寶給資赴日遊歷考察的日記。

102.《愚齋東遊日記》不分卷（1908）

盛宣懷著。國家圖書館藏清末（1851～1911）刻本一冊，版心題愚齋存稿，思補樓藏版。

盛宣懷（1844～1916），字杏蓀，又字幼勖，號補樓，又號愚齋，完號止叟、康子，江蘇武進人。秀才出身。同治九年（1870）入李鴻章幕。在洋務運動期間，參與輪船招商局、電報局、華盛紡織總廠、湖北漢陽鐵廠、蘆漢鐵路、大冶鐵礦和萍鄉煤礦的創建和管理，爲李鴻章所寵用。光緒二十八年（1902）年任工部左侍郎、會辦商約大臣，出賣鐵路和礦山的利權。宣統二年（1910）任郵傳部尚書，次年爲皇族內閣郵傳部大臣，用「鐵路國有」名義，將已歸商辦的川漢、粵漢幹線路權作抵押，大借外債，激起全國性的鐵路風潮。武昌起義爆發，被撤職，逃亡日本。有《愚齋存稿》及《盛宣懷未刊信稿》存世。

光緒三十四年（1908）八月，盛宣懷奉旨東渡日本，一爲治療肺病，二爲考察日本廠礦，並商約合辦公司等事。盛宣懷此行往返歷時三月，同年十二月初二日返抵上海，著有旅程日記《愚齋東遊日記》。在日記中對日本的鋼鐵、造船、紡織、瓷器製造等廠礦企業的生產規模、產品情況等都有極爲詳細記述。日記中還對日本漢學家和漢籍在日庋藏情況也有不少的記述，同時還記述了一些清政府向外國借款之事。此日記對研究盛宣懷本人及晚清史都有相當重要的參考價值。

103.《東遊日記》不分卷（1908）

李士田著。國家圖書館藏清末（1851～1911）鉛印本一冊，地 983.1／914453。卷首有李士田光緒三十四年戊申（1908）春二月《弁言》。本書是作者在清末赴日考察新政的遊歷日記，自光緒三十四年九月十一日奉命始，至同年十二月二十五返回國內止，往返百餘日，「考察所記，隨筆登記」。考察完畢，作者在卷末發表感言說：「夫日本疆域狹小，土地磽薄，物產稀少，人民貧苦，以及教化禮儀之文明，人心風俗之良厚，均不及我中國。獨其發達工藝，講求武備，學校以實利爲主義，皆彼之所長，而我之所短。當取以爲師者，至於彼則國小易治，我則地大無垠，則又立法行政不可一概置論者矣。」上述之言，說明作者在參觀遊歷之後對中日發展進行了比較，而且予以了較爲深入的思考。

104.《四十日萬八千里之遊記》一卷（1910）

管鳳龢著。國家圖書館藏宣統二年（1910）圖書印刷所鉛印本一冊。宣統二年，管鳳龢奉命前往日本考察司法執行、監獄管理及地方行政情況，著

成遊歷考察日記《四十日萬八千里之遊記》一卷。所記時間上起宣統二年六月初七日，止於同年七月十九日，歷時四十日。卷首有作者自撰之《緣起》。

105.《遊扶桑本牧記》一卷（時間不詳）

佚名撰。《小方壺齋輿地叢鈔再補編》第 10 帙本。

106.《袖海編》一卷（時間不詳）

汪鵬撰。《小方壺齋輿地叢鈔》第 10 帙本。

107.《東遊紀盛》一卷（時間不詳）

闕名撰。《小方壺齋輿地叢鈔》第 10 帙本。

108.《日本瑣志》一卷（時間不詳）

闕名撰。《小方壺齋輿地叢鈔》第 10 帙本。

109.《日本紀遊》一卷（時間不詳）

闕名撰。《小方壺齋輿地叢鈔》第 10 帙本。

110.《日本雜記》一卷（時間不詳）

闕名撰。《小方壺齋輿地叢鈔》第 10 帙本。

（四）琉　球

111. 李鼎元《使琉球記》（1800）

上海圖書館藏清嘉慶七年（1802）師竹齋刻本六冊；臺灣近代中國史料叢刊影印清師竹齋本；《小方壺齋輿地叢鈔》第 10 帙本。李鼎元，字墨莊，四川綿州（今綿羊地區）人。乾隆進士，曾任兵部主事。《使琉球記》，是李鼎元嘉慶四年作爲副使出使琉球的日記，該日記所記起於是年八月十九日，止於嘉慶五年（1800）十一月初三日。

（五）印　度

112.《西輶日記》四卷（1878～1879）

黃楙材著。復旦大學藏光緒丁酉（1897）成都志古堂刊本（附《遊歷芻言》、《印度箚記》、《西徼水道》）。《小方壺齋輿地叢抄》第 10 帙亦收入。黃楙材，字豪伯。清江西上高縣人。官知縣，邃精地理測量之術，著《得一齋雜著》四種。《西輶日記》所記起於光緒四年戊寅（1878）五月，止於光緒五

年（1879）十一月初二。卷首有《總理各國事務衙門片》：

> 再江西貢生黃楙材前經大理寺卿許庚身在江西學政任內，以該
> 貢生品學兼優，數理尤有心得，奏請發交同文館或天津、上海等處
> 機器局，俾實學習。於光緒二年十二月初一日軍機大臣奉旨：著劉
> 秉璋飭令該貢生即行來京，由總理各國事務衙門查看該衙門知道，
> 欽此。旋經四川總督丁寶楨以西藏密邇印度，英人佔據獨吉嶺，加
> 意經營，尤與衛藏逼近，奏派該貢生遊歷印度查看形勢，繪畫輿圖，
> 以資考證。奉旨允准在案。茲據丁寶楨諮稱，該貢生遵於四年七月
> 由蜀起程，六年七月回省。並將繪成圖說等件諮送到臣衙門。臣等
> 公同閱看。黃楙材所撰圖說於山川道里形勢考證極爲詳明，洵屬留
> 心時務，謹將所繪五印度全圖一冊，雲南至緬甸程途一冊，遊歷芻
> 言一卷，西徼水道一卷恭呈御覽，相應請旨，飭下四川總督丁寶楨
> 飭令黃楙材即行來京，由臣衙門查看以備任用，理合附片陳明謹奏，
> 十一月初一日軍機大臣奉旨：依議。圖說等件暫行留中，欽此。

《西輶日記》著重於記述黃楙材遊歷的行程，他光緒四年七月初七日由
成都起程，同行者有章鴻鈞、聶振聲、裘祖蔭等。他們經新津縣入四川邛州
界清溪縣，而抵西康，宿瀘定橋、打箭爐，輾轉至折多。是年冬天，他們又
順金沙江，循西康巴塘至中甸，而入雲南麗江、大理二府。光緒五年二月，
他們由雲南騰越起程，到達緬甸後小駐一些時日，後遊歷中印度等地。事畢，
由孟加拉國乘船，經香港返回吉安。作者比較詳細的記載了旅次見聞，自然
風光、風土人情、人文景觀、歷史遺存均有記述。如敘述打箭爐之地的地理
風貌云：「自過橋以來，山川奇險，駭目驚心，怪石危峰，懸空欲墜，至於
河流迅急，尤異尋常，水石相激，非陶怒吼，如白龍夭矯，騰空直下，幾疑
身到銀河，極宇宙之奇觀矣。」有如記述瀘定橋及其兩岸的人文及自然風貌
和歷史遺存云：「瀘定橋兩岸鋪戶三百餘家，有巡檢及汛防、把總，皆駐於
東岸。橋建於康熙三十四年，長三十一丈一尺，廣九尺，平牽鐵絚凡九，上
覆以板，兩旁各用二鐵絚爲扶欄，兩端有四鐵樁，各重千八百斤，東岸有聖
廟、御製瀘定橋記碑亭，兩岸岩間有觀音閣。」如此之類的記述，隨處可見，
不一而足。

113.《印度劄記》二卷（1878～1879）

黃楙材著。復旦大學藏光緒丁酉（1897）成都志古堂刊本《西輶日記》

後附《印度箚記》二卷。《印度箚記》分爲上、下二卷，卷前有《印度箚記小引》曰：「自到印度遊歷半年，輪舶飆車，日行千里，而孟加拉一埠留住最久，姑就見聞所及隨時箚記，瑣碎件繫，編成二卷，一以地理爲主，期於實事求是，不敢有所穿鑿附會於其間，至於一切制度規模、政教風俗與歐洲各國大抵相同。近日使節往來，具有紀錄，無俟贅述云。」《印度箚記》上卷主要介紹印度的政治制度、風俗政教。書中記載當地政治制度云：「英國設大帥一員統轄五印度全權大臣，便宜形事。……又有副帥一員。……印度諸大員皆幼年從英國遣來學習土話，優給俸祿，分任職事，苟無大過，則終身不易其位。惟微員未及外官、親理民事者可以參用土人，多由富厚之家捐授其職。總管刑名者曰斡角，如中國之臬司。民間詞訟先由波利司審訊其案情，重大者乃申詳於斡角。」作者記載當地產良馬云：「印度多良馬，高六七尺，雄姿颯爽，毛鬣豐潤，用以輓車，或雙或隻，追風逐電。」作者還參觀了動物園、博物院，「東南隅曰亞力坡，有苑囿，廣數里，豢養禽獸之類。四虎二豹四獅，各以雌雄相配。」「博物院曰印丹妙孫，譯言印度所出土產也。院頗覺寬敞，皆玉石珠寶及五金之礦，儲以玻璃盒，不下數千萬種，任人縱觀，以資博識。有多種禽獸之骨從途中挖出，年深月久已變成石，考其形狀，非今世所有，可知造化生物隨時變遷。或古有而今無，或古無而今有，未可一概論也。……」作者在上卷還記載了印度的銀錢、公班衙壟斷、鴉片的大量種植和貿易、印度公司等。下卷分述五印度部落、東方之省、西北之省、烏德國、本若省、腹內之省、曼打拉薩兵帥所轄、孟買兵帥所轄、錫蘭島、葡萄牙屬地、法蘭西屬地、大尼屬地、喀什米爾國、廓爾喀國、哲孟雄部、布魯刻巴部等地地理沿革、幅員四至及其他地理情況。

114.《遊歷芻言》一卷（1878～1879）

黃楙材著。復旦大學藏光緒丁酉（1897）成都志古堂刊本《西輶日記》後附《遊歷芻言》一卷。卷首有《遊歷印度序》，下分五印度形勢、騰越邊徼、西域形勝、南洋形勢、俄國圖說、和林考、西域圖說、印度雜興等細目敘述印度、南洋、俄羅斯等地的地理情況，兼記當地的人文風俗和物產情況。作者在卷首的《遊歷印度序》中敘述了他遊歷印度等地的緣起和目的，並且較爲詳細的敘述了此行的遊程。作者云：

> 「自海禁宏開，萬方輻輳，爲古今一大變局。英吉利侵踞五印
> 度，遂蔓延南洋諸島國，鷹瞵狼顧，雄長海陬，而印度之地與我三

藏毗連。往歲煙台議約，有准其入藏探路之條，頻遣使臣取道蜀中，俱被番民阻止，而英人之志若有不能終已者，蓋其處心積慮匪伊朝夕，不僅注意藏地，實欲開導川滇爲陸路通商爲捷徑也。制君丁公深謀遠算，洞悉垓埏，特派不才前往三藏五印度諸國查看情形，測繪輿圖。經附片陳奏，奉旨：允准。頒發總理衙門照會及英國公事護照等件，祗領擇於戊寅七月七日由成都起程，輕裝減從，同侶僕役凡六人。……同行者高安章鴻鈞春甫、長沙轟振聲燮堂、慈谿裘祖蔭筱雲及僮僕二人也。是爲序。」

（六）緬　甸

115.《海客日譚》六卷（緬甸、歐洲，1871～1872）

王芝著。國家圖書館藏刻本四冊六卷，卷首 1 卷。書名頁題漁瀛艫志，卷端下題葆清合雜篇、束都紅杏山房藏，據清光緒 2 年（1876）石城王含刻版後印本，印年不詳。卷首 1 卷有同治十年九月二十八日子石子（即王芝）《漁瀛艫志敍》、同治十一年九月九日子石子（即王芝）《海說敍》、光緒二年王含《海客日譚敍》、《凡例》、《增凡例》，還有《緬甸語略》、《英吉利語略》、《滿剌加語略》三篇，即是洋涇浜緬甸語、英語、滿剌加語詞典。全書六卷，各卷寫作時間爲：第一卷係由雲南騰越歷諸土司地度野人山至緬甸蒲甘作；第二卷係由蒲甘南沿大金沙江至英吉利屬步多工作；第三卷由野繆歷印度紅海地中海大西洋至英吉利倫敦作；第四卷係由倫敦歷瑞典馬加法郎西意大理諸國至地中海作；第五卷係由地中海還歷紅海印度海南海至七洲洋作；第六卷係由廣東瓊州歷南海東海海濱諸郡縣至都門作。據陳左高《歷代日記叢談》（上海畫報出版社 2004 年版第 134 頁）云：「檢《小方壺齋輿地叢鈔》，獲讀清人師範《緬事述略》、《入緬路程》，傅顯《緬甸瑣記》，龔柴《緬甸考略》等，而用日記體，談緬事者推王芝其人。王芝，字履待考，字子石子，江西石城人。有《海客日譚》六卷，光緒丙子石城王氏刻本四冊，海上長風舟珍藏書。起同治十年（1871）十月朔，隨仲父王月漁自雲南騰越啓程，至緬甸蒲甘。再南循大金沙江，抵印度，歷紅海、地中海、大西洋，而抵英國。復由英遍遊瑞典、法、意諸邦。取地道中海、紅海、印度洋，而歸北京，時次年（1872）五月朔也。書前有《敍》、《凡例》、《增凡例》，記中詩文間雜，輒附篇內。」

（七）越　南

116.《越南遊歷記》一卷（1905）

嚴璩著。上海圖書館藏光緒三十一年（1905）鉛印本一冊。嚴璩，字伯玉，福建侯官人，嚴復的長子。光緒三十一年（1905）春，在我國駐法國使館任參贊期間，奉孫寶琦公使的奏派，協同該館候選主事恩慶，前往越南各處遊歷考察約兩個多月，寫成《越南遊歷記》。此書由八部分構成，包括法屬中印度紀略、日記、河內埠廣幫身稅名數、河內華商名單、安沛華商名單、法屬南圻六省酒商名單、堤岸機器米磨公司九家名單、法屬雲南海關稅則摘錄。卷首有嚴璩的《呈文》，該文對遊歷越南的緣起以及主要的遊程均有簡要的說明。《呈文》曰：「竊職道等於本年三月間奉出使法國大臣孫奏派，前往越南各處遊歷、考察商情，並往晤法國越南總督鮑渥，催減免華商身稅。當於三月間由法起程，四月杪行抵海防，五月半行抵河內，十三日晤及鮑渥，當面催將一切華人身稅及各項歐人所不納捐稅一切蠲免以符舊訂照最優待之國款待之。……職道等五月杪至雲南邊界，六月初過諒山入龍州。六月半行抵西貢，七月初回國至粵、閩二省，先後謁見署兩廣總督部堂岑、署閩浙總督部堂崇，俱將華商情形一切詳稟。……查旅越華人本無上等教育。法人種族之見至深，實存藐視之意。身稅及各項捐照無論外即遇訟案，未免存偏袒之心。而我僑民不知自愛，甘居人下，受歐人侮辱者亦復不少，即有一二稍知自好之士欲與彼族爭執公理，無如越南各埠並無我國政府代表人為之主持。今日之計，自以設領事為最急。如按照舊約在海防、西貢二埠各設領事一員，駐海防者兼轄東京所屬各埠，駐西貢者兼轄南圻所屬各埠，於僑民實大有裨益。是否有當，伏候酌奪施行，虛至略折者。光緒三十一年十月奏派遊歷越南等處駐法參贊江蘇候用道嚴璩、候選主事恩慶謹呈。」

117.《遊越南記》一卷（時間不詳）

闕名撰。《小方壺齋輿地叢鈔再補編》第 10 帙。

118.《遊山南記》一卷（時間不詳）

徐葆光撰。《小方壺齋輿地叢鈔再補編》第 10 帙本。

（八）南洋（包括泰國、菲律賓、新加坡、馬來西亞）

119.《南行記》一卷（1881）

馬建忠著。《小方壺齋輿地叢鈔再補編》第 10 帙本。此書是光緒七年

（1881）作者奉李鴻章之命前往香港、西貢、新加坡及印度加爾各答等地查看鴉片銷售情形時所著的旅行記。

120.《南行日記》一卷（1881）

吳廣霈著。《小方壺齋輿地叢鈔再補編》第 10 帙本。光緒七年（1881）馬建忠奉李鴻章之命前往香港、西貢、新加坡及印度加爾各答等地查看鴉片銷售情形，作者吳廣霈隨從馬建忠前往，著有《南行日記》一卷。

121.《汗漫錄》一卷（1899）

梁啓超著。嶽麓書社「走向世界叢書」本《新大陸遊記及其他》附錄《汗漫錄》據《飲冰室文集類編》校點本。卷首有作者光緒二十五年小序。梁啓超戊戌政變逃亡日本，翌年（1899）赴美，至夏威夷被阻，遂有《汗漫錄》紀行。《汗漫錄》，又名《夏威夷遊記》、《半九十錄》，記述了梁啓超1899 年自日本至夏威夷的行程，對太平洋、檀香山的皆有精要的描述，還特別記載了檀香山華人的生存境況。「走向世界叢書」本《汗漫錄》的目錄包括：小序、暫別日本、出國日記當用西曆、太平洋舟中、舟中作詩並論詩。壯別二十六首、二十世紀太平洋歌、抵檀香山、檀香山之華人、夏威亡國之教訓、留別梁任南漢挪路盧。

122.《檳榔嶼遊記》一卷（時間不詳）

闕名撰。《小方壺齋輿地叢鈔》第10 帙本。

123.《遊婆羅洲記》一卷（時間不詳）

闕名撰。《小方壺齋輿地叢鈔》第10 帙本。

124.《白蠟遊記》一卷（時間不詳）

闕名撰。《小方壺齋輿地叢鈔》第10 帙本。

125.《南洋述遇》一卷（時間不詳）

闕名撰。《小方壺齋輿地叢鈔》第10 帙本。

126.《義火可握國記》一卷（時間不詳）

闕名撰。《小方壺齋輿地叢鈔再補編》第 10 帙本。

二、歐　洲

（一）跨國遊記

127.《航海述奇》四卷（1866）

張德彝著。上海圖書館藏清光緒間上海申報館叢書鉛印本二冊四卷；小方壺齋輿地叢鈔第 11 帙本；國家圖書館藏張氏本宅藏同治九年庚午（1870）稿本四卷；北京圖書館出版社《稿本航海述奇彙編》1997 年影印本；國家圖書館藏清尊聞閣主（即蔡爾康，又號縷馨仙史）輯《申報館叢書》四卷本；嶽麓書社《走向世界叢書》據張氏本宅藏同治庚午稿本點校本，本提要採用此本（該本卷首有同治六年孟保序、貴榮序及作者自序，正文由地球說、西行日記、法國日記、英國日記、荷酣丹瑞俄日記、布比法日記、規程日記等七部分構成）。

張德彝（1847～1918），祖籍福建，漢軍鑲黃旗人，本名德明，字在初。清朝同治元年（1862）十五歲，考入京師同文館英文班，爲該館首屆學生。同治四年（1865）經總署大考，被保奏爲八品官。次年（1866）總理衙門派同文館學生出洋遊歷，張德彝成爲入選三人之一，是年即隨同赫德及斌椿父子等赴法、英、比、俄等歐洲十國遊歷，他將此行見聞撰成了《航海述奇》四卷。同治七年（1868），他隨同蒲安臣、志剛使團赴歐美訪問，充任譯員。同治九年（1870）崇厚因天津教案赴法道歉時充隨員，目擊巴黎公社壯舉。光緒二年（1876）任駐英使館譯員。光緒十年（1884）充同文館英文副教習。光緒十三年（1887）又隨洪鈞到柏林使館任職。光緒十六年（1890）回國後任總理衙門正翻譯官，翌年充任光緒帝的英文教師。光緒二十二年（1896）任出使英、意。比大臣羅豐祿的參贊。光緒二十七年（1901）至光緒三十二年（1906）任出使英、意、比國大臣。張德彝先後八次出國，從事外交活動歷時四十年之久，廣泛的接觸了西方的社會與文化，見識頗廣，勤於筆耕。繼《航海述奇》之後，又撰《再述奇》至《八述奇》，記述西方的歷史地理、政治軍事、語言文化、風土人情，文字共計達二百餘萬字。還著有《英文話規》等。其生平可參見《光祿大夫建威將軍張公集》。

《航海述奇》是張德彝同治五年（1866）第一次歐洲之行的聞見錄，以日記體寫成。張德彝此次歐洲之行，遊歷了法國、英國、比利時、荷蘭、漢堡（記作酣博爾）、丹麥（記作丹尼）、瑞典、芬蘭、俄國、普魯士（記作布

魯斯）等十國。「19世紀中葉的歐洲，已經建立起以蒸汽機爲標誌的工業文明。輪船、火車、電報和各種製造機器，已經在廣泛使用。所有這一切，對於這個十八歲的青年人來說，不僅是見所未見，而且也是聞所未聞。」（鍾叔河《航海述奇的同文館學生》，載走向世界叢書本《航海述奇》卷首）因此，張德彝對歐洲的一切新鮮事物，都充滿了年輕人的好奇，於是他就用自己的心、自己的筆把這些「奇」記錄下來，就成爲了《航海述奇》的撰著緣起。

《航海述奇》記載最多的關於西方近代科學技術的成就，如火車、電梯、電報、照相館、縫紉機等等，如光緒五年三月十八日剛剛第一天到達法國馬賽，就對法國旅館中使用煤氣產生了好奇，他記述道：「住屋數百間，上下皆有煤氣燈出於壁上，籠以玻璃罩，如花朵然。外國所燃之煤氣燈，係在郊外設廠蒸煤，令其氣從水中穿過而後燃之。其光倍於油蠟，其色白於霜雪。通城人家鋪戶，遠近高下，皆以鐵管通之。」其次，他對西方的歷史地理、政治經濟、風土人情都有詳細的記載，如他對古埃及金字塔、獅身人面像、巴黎萬國博覽會及美國兩黨制的記述。再次，他對華僑在海外的生活及華產在海外的輸出也有不少的記述。張德彝的記述生動形象，記錄了中國人對西方近代工業文明的「第一印象」。

128.《漫遊隨錄》三卷（1867～1871）

王韜撰。上海圖書館藏稿本三卷一冊；上海圖書館藏清光緒13年（1887）上海點石齋石印本一卷一冊；嶽麓書社1985年版「走向世界叢書」據上海圖書館藏稿本點校本。王韜（1828～1897），江蘇長洲甫里人，因上書太平軍逃亡香港，同治六年（1867）應英國漢學家理雅各（James Legge，1815～1897）之請赴歐洲，於同治九年十二月（1871年1月）回到香港，之後撰成《漫遊隨錄》三卷。全書凡記51事，每事以4字爲目。詮次、編訂於光緒十三年（1887）。所記地理範圍，由故里而他鄉，由中國而至歐洲，其中三分之二是遊歷英法兩國的見聞。記述時間，上起道光二十四年（1844），下至同治九年十二月（1871年1月）。所記內容，雖有不少瑣聞細事，但主要以記述英、法諸國的文化、近代科學（如天文、地理、電學、化學、光學等）爲主，還常常對中西文化及哲學觀念的不同作比較分析，發表感言。王韜到達歐洲後，深感「眼界頓開，幾若別一世宙。」在法國重點參觀了盧浮（魯哇）宮和萬國博覽會，在英國「每日出遊，遍歷各處。嘗觀典籍於太學，

品瑰奇於各院，審查火機之妙用，推求格致之精微。」他在《漫遊隨錄》卷二《製造精奇》一節中介紹英國的現代科學說：「英國以天文、地理、電學、火學、氣學、光學、化學、中學爲實學，弗尚詩賦詞章。其用可由小而至大，其由天文知日月五星距地之遠近、行動之遲速，日月合璧，日月交蝕，彗星、行星何時伏見，以及風雲雷雨何所由來。由地理知萬物之所由生，山水起伏，邦國大小。由電學知天地間何物生電，何物可以防電。由火學知金木之類何以生火，何以防火。由氣學知各氣之輕重，因而製氣球，造氣鐘，上可凌空，下可入海，以之察物、救人、觀山、探海。由光學知日月五星本有光耀，及他雜光之力，因而創電燈，變光彩，辨何物之光最明。由化學、重學辨五金之氣，識珍寶之苗，分析各物體之質。又知水火之力，因而創火機，製輪船火車，以省人力、日行千里，工比萬人。穿山、航海、掘地、濬河、陶冶、製造以及耕織，無往而大非火機，誠利器也。」作者在這聊聊數百字間將西方近代科學技術及其功效予以了高度概括，並且還指出了中國傳統文化與西方文化的很大不同點，那就是西方重科學而「弗尚詩賦文章」。可見，作者對西方文化的觀察思考是相當深入的。還需指出的是，王韜的歐洲之行不僅對他個人來說具有「破天荒」的意義，而且比清政府派往西方的第一個外交使團（包括志剛、孫家谷、蒲安臣在內的蒲安臣使團）還要早，更比郭嵩燾、劉錫鴻駐紮英國整整早了七年。因此，王韜所自稱：「余之至泰西也，不啻爲前路之導，捷足之登」，確實不是誇張。

另外，本書還有《小方壺齋輿地叢鈔》第 11 帙本。

129.《再述奇》六卷（又名《歐美環遊記》）（1868～1869）

張德彝著。國家圖書館藏張氏本宅藏光緒元年乙亥（1875）稿本六冊六卷；北京圖書館出版社《稿本航海述奇彙編》1997 年影印本。本書係同治七年、同治八年（1868～1869）間張德彝隨蒲安臣、志剛使團出使歐美時期所寫的日記。鍾叔河先生指出，「蒲安臣使團先經日本到美國，然後過大西洋到歐洲。在歐洲遊歷英法兩國後，張德彝因故提前回國。他出地中海，過印度洋入南海，正好自西徂東環遊世界一周，行蹤主要在歐美。因爲《再述奇》、《三述奇》……等書名」，因此 1983 年湖南人民出版社將該書《走向世界叢書》時，據張氏本宅藏光緒乙亥稿本校點排印後改書名爲《歐美環遊記》。該書記載時間，起於同治六年（1867）十一月初二日，止於同治八年（1869）九月廿六日。而且，《再述奇》在收入《走向世界叢書》時，編者

認爲「清稿本原分爲六卷，各卷按字數平均劃分，頗覺合混」，遂將是書按旅行次第分爲五節，原來每卷終於何處仍予注明。這五節包括經日本東渡記、合眾國遊記、英吉利遊記、法朗西遊記、規程記，卷首還有鍾駿聲序和作者自序。

130.《初使泰西記》四卷（1868～1870）

志剛著。國家圖書館藏清光緒三年（1877）刻本（由避熱主人即宜垕編次）四冊四卷，卷首有宜垕父親的序；臺灣近代中國史料叢刊續編影印清光緒三年北京刻本；湖南人民出版社 1981 年「走向世界叢書」本據同治十一年避熱主人（即宜垕）編次本點校，卷首有宜垕父親序及松齡的序，書末附有孫家谷《使西書略》及《恭親王等奏請派志剛、孫家谷會同蒲安臣出使各國摺》等奏摺；小方壺齋輿地叢鈔本不分卷。

志剛，旗人，生卒年不詳。清同治七年（1868），清政府向西方國家派出了第一個外交使團，出使歐美各國。使團由三位「辦理中外交涉事務大臣」組成，他們是：前任美國駐華公使，此時受聘爲中國政府服務的美國人蒲安臣（Anson Burlingama）；總理各國事務衙門章京、花翎記名海關道志剛；總理各國事務衙門章京、道銜係缺知府、禮部郎中孫家谷。《初使泰西記》，一名《初使泰西紀要》，記述了蒲安臣使團此次出使（1868 年～1870 年）美、英、法、普、俄等歐美國家的情況，對西方的地理、歷史、政治、經濟、社會風俗都有精要記述，並兼及中外交涉事。

宜垕之父《初使泰西記序》：

> 「昔閱斌友松《乘槎筆記》，喜其可以供人玩賞，而究未能釋然於西事也。因憶及志克庵星使，曾充行人，奉國書而周歷瀛寰，爲開闢以來之創舉，何竟一無記述？歲壬申于役烏城，幸得昕夕從事，得閒以請，乃出其所記使事稿，就借讀之。公牘外或紀程途，或記風土，間有論說，頗潦草無倫次。因竊摘其關切世道人心、民生國計者，次第錄記小兒宜垕，俾拓耳目。向之不能釋然者，已渙然冰釋矣。及甲戌歸自漠北，則前稿已訂成刊本。兒謂刊此書，亦猶刊《知古錄》之志也；刊《知古》而不刊此書，是薄今人而徒愛古人矣。嗣抱喪明之痛，憫其苦心未遂，不忍使已卒之業廢於半途，有用之言湮沒弗彰也。而或疑代刊此書爲多事，然我讀之而釋然。爲知不有讀之而亦釋然反樂有此多事者，則我之心慰矣。是爲序。」

松齡《初使泰西紀要序》

「同治丁卯嘉平，齡侍先君入內，遇志克庵先生於班列。先君示齡曰：「此人傑也，爾敬識之。」迨光緒庚寅春，始由者繼庵咸弟介紹以謁。先生並出所著《初使紀》屬爲序，凡三易稿乃定。先生之功名，固不因紀而顯，其紀亦不待序而傳；而有不容辭者，蓋以壯年已知敬愛，今閱二十餘年能掛名於其文字間，豈非先君指示之初意也哉！噫！今之爲文者，相率騖遠而忽近，喜華而略實，自謂名言不刊，超漢逸唐也。而罕譬曲喻，切中時弊，鑿鑿乎若穀粟能療饑，斷斷乎若藥石能伐病，渾然無圭角，如先生所紀，洵言近而旨遠矣。慨自咸豐辛酉至今，用夏變夷，可稱中外提福；乃繹此紀，意一若有隱憂在朝夕間者，何哉？古君子每憂治世而危明主，蓋以明主有絕人之資，治世無可畏之防。則有絕人之資，必輕其臣；無可畏之防，必易其民；此君子所深懼其紀意之所在乎。然昔漢文之世，兵革不興，當時賈誼已謂天下有可長太息者、流涕者、痛哭者，後世卒不以是少漢文，亦不以是甚賈誼。誼雖功烈未著於時，惟嘗諫眾建諸侯而少其力；至武帝而主父偃始舉行之，漢室乃安。今先生之紀出，安見後無有心者舉而行之歟？齡有以副先君之意，且以快讀先生之文。知是書原稿散逸，幸經且園主人編次，始得成帙，惟願此紀廣傳於海內也。是爲序。光緒十六年五月後學松齡拜序。」

131.《使西書略》一卷（1868）

孫家穀撰。《小方壺齋輿地叢鈔》第 11 帙本。

132.《三述奇》八卷（又名《隨使法國記》，1871～1872）

張德彝著。國家圖書館藏張氏家藏同治十二年（1873）稿本八冊八卷；北京圖書館出版社《稿本航海述奇彙編》1997 年影印本；小方壺齋輿地叢鈔第 11 帙本，題爲《使法雜記》；《續修四庫全書》第 576 冊據國家圖書館藏清同治十二年（1873）稿本影印；湖南人民出版社 1982 年據該書張氏家藏清同治十二年（1873）稿本校點排印後收入《走向世界叢書》，改名爲《隨使法國記》，將該書重新劃分爲南海經行記、普法戰事記、馬賽波爾多紀事、凡爾賽紀事、燹後巴黎記、西海小遊記、使事記、歸途記等八節，並將原來稿本每卷終於何處予以標明。

　　《三述奇》係同治十年（1871）張德彝隨兵部左侍郎崇厚出使法國時所記，記載時間起於同治九年（1870）六月，止於同治十一年（1872）正月二十五日。該書稿本八卷，目錄如下：卷一，安南國；卷二安南國、印度國、暹羅國、亞丁、埃及國、意大利國、法郎西國；卷三法郎西國；卷四法郎西國；卷五法郎西國；卷六法郎西國、英吉利國、美國、法郎西國；卷七法郎西國、意大利國；卷八埃及國、亞丁、印度國、暹羅國、印度國。前有孫家谷序、作者自序及凡例。

　　《三述奇》具有重要的史料價值，因為這是一部中國人的「巴黎公社目擊記」（鍾叔河先生語）。清同治十年（1871），中國專使崇厚為天津教案事專門赴法道歉，張德彝是崇厚的隨行譯員。「巴黎公社革命爆發前一日，張德彝奉崇厚之命先入巴黎，因而目擊了這一場驚天動地的事件」，他在《三述奇》對此事予以了詳細記述，該書是我們現在所知的唯一的東方人寫的巴黎公社目擊記。同時，該書還以五卷的篇幅記述了有關法蘭西內戰和普法戰爭。因此說，該書「不僅對中國近代史研究有重要價值，即對西方史研究也有其價值」（鍾叔河《一部巴黎公社目擊記》，載走向世界叢書《隨使法國記》卷首）。

133.《環遊地球新錄》四卷（1876）

　　李圭撰。走向世界叢書本；《續修四庫全書》第 737 冊據清光緒刻本影印（本書採用此版本）；上海圖書館藏清光緒四年（1878）刻本四冊；上海圖書館藏光緒十年（1884）甬上重刻本四冊。復旦大學藏清光緒四年鉛印本四冊。

　　該書總計四卷，卷首有光緒四年（1878）戊寅三月《李鴻章序》和光緒三年歲在丁丑（1877）春二月《李圭序》，以及《目錄》和《凡例》。李圭（1842～1903），字小池，清江蘇江寧人。浙海關工作人員，事具繆荃孫《續碑傳集》。李圭自光緒二年（1876）四月二十一日由上海啟程至日本橫濱港，然後轉船去美國費城參加美國為紀念建國百年而舉辦的「賽珍會」即萬國博覽會，中國展品由李圭負責運往。在出國期間，他記述了這一行程的所見所聞。該書卷 1 美會紀略，下分會院全圖、美國設會緣起、會院總略、各物總院、機器院、繪畫石刻院、耕種院、花果草木院、美國公家各物院、女工院、總理會務官公署等子目，主要記萬國博覽會的緣起及大會盛況，介紹了世界工商業製造的成就。卷 2（美國）遊覽隨筆，下分美國費里地費城、美國華盛頓京城、美國哈佛城、美國紐約城等子目。卷 3（英法）遊覽隨筆，下分英國倫敦京城、

法國巴里京城、書幼童觀會事、書華人寄居美國始末情形、蘇爾士運河述略、中外旅居商民述略、交遊西國淺要說、自來水說、客寓說、西人待客說、車聲說等子目。卷4東行日記（並地球圖），主要記歸程途中見聞。書中還附有《（美國）會院全圖》、《地球圖》地圖二幅。卷四《地球圖》前的《圖說》詳細地闡述了「地形如球，環日而行，日不動而地動」的科學觀念。書中論述曰：「地形如球，環日而行，日不動而地動。我中華明此理者，固不乏人，而不信是說者十常八九。圭初亦頗疑之，今奉差出洋，得環球而遊焉，乃信。自上海行經日本，越大東洋抵美國西土之三藩謝司戈城，……乘車東行……抵美國東土之費里地費城。……再由費城涉大西洋……東抵英國倫敦京城，……再由英東行出馬塞海口過蘇爾士運河，歷紅海，渡印度洋抵香港而回上海。……自上海至費城爲地球一半，中國爲晝，美之東土爲夜；由費城回上海亦爲地球一半，美之東土爲夜，中國仍爲晝也。使地形或方，日動而地不動，安能自上海東行行盡而仍回上海，水陸共八萬二千三百五十一里不向西行半步歟？蓋地形如球本無分於東西也。……知地形如球，日不動而地動無或疑矣。」《環遊地球新錄》乃是李圭以第一個中國籍工商業代表身份參加費城萬國博覽會的眞實歷史記錄，具有重要的史料價值。而在近代中國人關於歐美日本的記述中，非外交官員的記述比較少，因而該書價值顯得更爲獨特。

李鴻章《序》曰：

「大清光緒紀元之二年，歲在丙子，爲美利堅立國百年之期，美人設會院於費里地費城，廣集各國珍玩古器、日用服御、生潛動植諸物，區分部畫，各有其所。與斯會者，中國而外，凡三十有六國，名曰百年大會，亦曰賽奇公會。將欲考究物產、修好睦鄰。蓋仿歐洲賽會而創爲是舉也。江寧李圭以東海關稅務司德君璀琳之薦，往赴於會。自上海東行經日本，越大東洋抵美屬之三藩謝司戈城。又陸行萬餘里至其地入院，縱觀四月有奇。復以其間往遊華盛頓都城及哈佛、紐約等處會事。既畢，乃自費城涉大西洋，東抵英國倫敦、法國巴黎都城，遂由地中海逕蘇伊士河過紅海，歷錫蘭、新加坡、西貢、香港而還。途中所歷皆有記載。是役也，水陸行八萬二千三百餘里，往返凡八閱月有奇，爲《美會紀略》一卷，《遊覽隨筆》二卷、《東行日記》一卷，附以《地球圖》一、《會館全

圖》一,總名之曰《環遊地球新錄》,乞序於余。夫自通商以來,泰西諸國日出,其聰明才力以相角逐,凡可爲富強計者,若鐵路、電線、車舡、炮械之屬,轉相仿傚,務極新奇。而於商務尤所措意。捨是則無以自立其國,匪特習尚所在,蓋亦時勢使然也。是錄於物產之盛衰,道里之險易,政教之得失以及機器製造之精巧、人心風俗之異同,一一具載。其非耳目所及者,則略焉弗詳。圭之此行爲不虛矣。方今中外通好,幾若一家。若英德法美各邦,朝廷既簡重臣往駐其都,而又分遣生徒出洋肄業。五洲重澤,有若戶庭;軺軒往來,不絕於道。有志之士,果能殫心考究,略其短而師其長,則爲益於國家者甚遠且大。又豈僅一名一物爲足,互資考鏡也哉。光緒四年戊寅三月欽差北洋通商大臣、太子太保、文華殿大學士、直隸總督、一等肅毅伯加騎都尉世職合肥李鴻章撰。」

李圭《自序》曰:

「光緒二年丙子,美國創設百年大會,先經其國駐京公使照請總理各國事務衙門諮行南北洋通商大臣,轉飭地方官出示曉諭工商人等送物往會,並酌撥款項,劄行總稅務司赫德,援照奧國賽會例選派海關稅務人員辦理。於是派委在本國管理赴會事宜者爲東海關稅務司德璀琳、閩海關稅務司杜德維、駐會管理者爲粵海關稅務司赫政、前津海關稅務司吳秉文、潮海關稅務司哈捫德,並美國居華紳商霈達等另有幫辦穆好士等數人分司其事。圭不敏,嘗承乏浙海關案牘十有餘年,得德君相知之雅非尋常比,於是薦由赫公派赴會所,囑將會內情形並舉行所聞見者詳細記載,帶回中國以資印證。其所以慎重周詳者無他,亦欲敦交誼、廣人才、冀收利。國利,民之效也。謹將會院規制情形、善法良器,分別採擇,記錄成篇,名爲《美會紀略》。其遊歷美土各都會及英法各國,與夫自上海起程環地球一周扔回刪改所得之耳聞目見一切政治風俗,並與西人言論所及者亦皆詳爲記述,分爲《遊覽隨筆》、《東行日記》而通名之曰《環遊地球新錄》。竊慚才識庸下,未能克副薦委盛意,殊有類於羊公之鶴也已。是編之成,固霈君洎諸稅務司偕行指點導遊各處,得其力頗多,然而椎輪實大輅之始。非德君,何由環球而遊以成是錄也夫。因記錄緣起而並及焉。光緒三年歲在丁丑春二月下澣李圭

識於甬江榷舍。」

《環遊地球新錄・凡例》曰：

　　一、此書首列會院全圖，取美國原本鉤摹，略譯華文，識其大要，庶舉目了然。

　　一、各物總院首敘中國，義所當然。至歷敘諸國，悉照會院次序臚列無容心於大小間，其有略而不載者，以無關重輕等之自鄶已。

　　一、機器院第詳美英德三國，此外各國大抵與三國彷彿，故皆從略。

　　一、繪畫石刻院、耕種院、花果草木院三處，但逐院統敘，不分各國，緣較總院、機器院，物有多寡也。

　　一、述會內各院繁簡不同，良由院廣物阜，人稠事冗，一人實應接不暇，觀聽都疲，誠不免疏略。

　　一、《遊覽隨筆》自美國費里地費城迄法國巴里京城，各就見聞所及者筆之。其所未及者不敢妄列，其間詳略不同，緣遊覽之日有多寡，或因偕行翻譯於英法美國言不皆盡通故耳。

　　一、所歷原不僅英法美三國，然其他多屬舟車經過，未能少駐周覽，故有未及。

　　一、幼童觀會事以下諸篇率舉一事而言，故另敘而列諸隨筆後。

　　一、其中官銜、輿地、名物、度數種種稱謂皆由翻譯譯知。雖嘗旁詢曲證，究恐不無舛誤。

　　一、事務語言中外多殊，故稍加譯注並或有體裁未合處，均希覽者鑒，原有以教未學焉。

　　一、西國計里，有水陸之別。陸以丈量計每里合中國三里三分，水以測日準時計每里合中國三里八分。又西國一畝約中國六畝。然此皆訪之西人，究未知確實否也。茲所計道里畝數姑照此分別以中國裏數畝數核算書之。

　　一、書中所稱丈尺如屋宇牆垣之高廣闊狹深縱橫與各對象有聞而知之亦及丈尺者，皆依西人所言。是西國丈尺也。至若曾經目見者則皆約而言之，是中國丈尺也。

　　一、凡噸、磅、碼、加倫曉碧金錢磅錫林法藍評息等皆隨在注明，茲不贅列。

一、此行往還通不及二百六十日，中間水陸程途與患病去其半，逮歸來編纂校寫而成是錄，又僅三閱月，是以掛漏草率良所不免。

134.《使西紀程》二卷（1876）

郭嵩燾著。蘇州大學圖書館藏光緒刊本二卷。郭嵩燾（1818～1891），字伯琛，號筠仙，晚號玉池老人，湖南湘陰人。築室名養知書屋，人稱養知老人。道光二十七年（1847）進士，與曾國藩、左宗棠、李鴻章等關係密切。咸豐初力贊曾國藩出辦團練，獻編練水師議。同治二年署廣東巡撫，與總督瑞麟不合，被黜，後官至兵部右侍郎。清政府為了馬嘉里案，被迫派遣郭嵩燾為正使、劉錫鴻為副使，於光緒二年（1876）奉命啟程前往英國「謝罪」。《續修四庫提要稿本》第三冊第 6 頁（齊魯書社影印本）《使西紀程》提要曰：郭嵩燾等人在「是年十月十八日發自上海，十二月初八日行抵倫敦。是編乃是其行紀，排日錄其見聞。於所歷諸地之地理物產敘述尤詳。間辯證《瀛寰志略》之誤。餘若十一月十九日記各國旗式，十二月初八日記英國幣制，在今為常識，然在當時殆為創聞也。」光緒四年，郭嵩燾兼任出使法國大臣。郭嵩燾奉使英法三年，以病辭歸，在湖南城南書院講學以終。他主張學習西方科學技術，力主辦鐵路，開礦務，整頓內務。在對外交涉中，他能援引國際公法，與外人據理力爭而不尚意氣。由於時人不明外情，多指為媚外。有《養知書屋遺集》、《史記箚記》、《周易釋例》、《毛詩餘義》、《湘陰縣圖志》及日記、奏疏等遺世。其日記如《使西紀程》多國外的親歷親聞，史料價值尤為珍貴。

135.《倫敦與巴黎日記》（1876～1879）

郭嵩燾著。嶽麓書社「走向世界叢書」本。郭嵩燾（1818～1891），字伯琛，號筠仙，晚號玉池老人，湖南湘陰人，1876 年任出使英國大臣，後兼使法國，為清朝駐使歐洲之始。郭嵩燾奉使英法三年（1876～1879），以病辭歸，在湖南城南書院講學以終。他主張學習西方科學技術，力主辦鐵路，開礦務，整頓內務。在對外交涉中，他能援引國際公法，與外人據理力爭而不尚意氣。由於時人不明外情，多指為媚外。

郭嵩燾的《倫敦與巴黎日記》，乃是郭嵩燾出使英法期間所寫日記的全本，係鍾叔河、楊先生堅據湖南省圖書館藏《郭嵩燾日記》手稿本整理校點，並收入嶽麓書社「走向世界叢書」，書名定為《倫敦與巴黎日記》。據「走向

世界叢書」本《倫敦與巴黎日記・凡例》曰：，「一、郭嵩燾《倫敦與巴黎日記》據郭氏手稿過錄編次印行，包括光緒二年至五年（1876～1879）的日記約五十五萬字；其中從光緒二年十月十七日至五年三月初五日出國期間的日記約五十萬字全錄，二年出國前和五年歸國後的日記則只節錄與出使、洋務有關的部分。二、手稿本無題籤，亦未依年月分卷。此次將主要部分按月編次，加上出國之前、出國途中、歸國途中、歸國之後四段，共分爲三十卷。各標籤題及《倫敦與巴黎日記》書名，均爲編者所加。三、爲便利閱讀，除加標點外，每天日記酌分段落，並在書口加小標題。四、出國途中五十一天的日記，郭氏曾加以整理，寄呈總署後以《使西紀程》（按：亦稱《使西日記》）書名刊行。今將郭氏手定稿本與刊本對校，錄出異文，用小五號宋體字排於《卷二・出國途中》每天日記之後，供讀者參看。……。」郭嵩燾的《倫敦與巴黎日記》具有重要的史料價值，不但全面的記述了其出使巴黎和倫敦的經過，而且西方的歷史、地理、政教、風俗、科學技術都予以了全面的介紹。有學者曾指出：「本書的眞正意義，就在於作者不僅超越了『天朝帝國』朝廷交給他的使命，而且還能夠超越幾千年封建專制主義形成的觀念和教條，能夠比較客觀和實事求是地去考察和發現西方的新事物和新道理，從而得出了西方不僅有堅船利炮，而且在『政教』『文物』等方面都已優於中華，中國若要自強，就必須向西方學習的這樣一個極爲重要的結論。」

值得重點說明的是，《郭嵩燾日記》稿本是湖南省文物管理委員會 1952 年在柳州發現線裝 61 冊，共計 228 萬字。後來，湖南人民出版社在 1981～1983 年將該書校點後出版。所記年代自咸豐五年迄光緒十七年（1855～1891），首尾達 37 年（其中少了 3 段，約 39 個月）之久，大致與洋務運動相始終。日記所記內容極爲廣泛，舉凡內政外交、朝野風氣、軍事政治、社會風俗、學術藝文、科學技術和海外見聞，幾乎無所不包，是研究晚清史尤其是晚清外交史的珍貴資料。

136.《四述奇》十六卷（又名《隨使英俄記》）（1876～1880）

張德彝著。國家圖書館藏清光緒九年（1883）同文館鉛印本八冊，卷首有；國家圖書館藏清光緒七年（1881）稿本八冊，卷首有那蘇圖序、作者自序及凡例；上海圖書館藏清光緒九年（1883）著易堂鉛印本八冊，卷首有常瑞序、英煦序、作者自序及凡例；上海圖書館藏清光緒九年同文館鉛印本八冊；北京圖書館出版社 1997 年《稿本航海述奇彙編》本；小方壺齋輿地叢鈔

第 11 帙本，包括題爲《隨使日記》和《使還日記》各一卷；湖南人民出版社
1986 年據光緒九年著易堂刊本《四述奇》校點，收入《走向世界叢書》，將書
名改爲《隨使英俄記》。

清光緒九年（1883）著易堂鉛印本《四述奇》的卷次目錄如下：卷一暹
羅國、檳榔嶼、印度國、亞丁、蘇耳士、波賽、莫洛塔、日斯巴尼亞國、支
布洛達、葡萄牙國、法郎西國、英吉利國；卷二英吉利國；卷三英吉利國、
和蘭國、德意志國、和蘭國、英吉利國；卷四英吉利國；卷五英吉利國；卷
六英吉利國；卷七英吉利國；卷八英吉利國、法郎西國、英吉利國、法郎西
國、英吉利國；卷九英吉利國；卷十英吉利國；卷十一英吉利國、法郎西國、
德意志國、俄羅斯國；卷十二俄羅斯國；卷十三俄羅斯國；卷十四俄羅斯國；
卷十五俄羅斯國、德意志國、法郎西國、英吉利國、法郎西國、英吉利國；
卷十六英吉利國、法郎西國、意大利國、波賽、蘇耳士、印度國、暹羅國、
安南國。

《四述奇》記作者於光緒二年（1876）冬隨郭嵩燾、劉錫鴻到倫敦使館
任翻譯，直至光緒六年（1880）回國的見聞，其間 1878～1879 年作者曾奉調
隨崇厚赴俄。本書以記載泰西的風土人情爲主，詳細而具體，不憚繁瑣。書
中對光緒四年（1878）三月至四月的巴黎世博會有較爲詳細的記述，對光緒
五年（1879）崇厚在俄國簽訂《里瓦幾亞條約》的過程亦有本書可以同郭嵩
燾的《倫敦與巴黎日記》參看，但本書的觀察記載要比郭書詳細得多。該書
光緒六年正月三十日的記載中論及了英俄等西方國家的國民性，曰：「按泰西
有總論英、美、義、法、俄五國一節，略云：美人無話不言，英人無物不食，
義人五曲不歌，法人無式不跳，俄人無所不貪。不知出自何人之手，歷歷詳
查，名實似符，故錄之。」總的說來，該書具有多方面的史料價值。

137.《歐遊隨筆》二卷（1877）

錢德培著。國家圖書館藏清光緒間（1875～1908）木活字本二冊。作者
於光緒三年隨使德國，著有《歐遊隨筆》二卷，記述了德國的風土民情、政
治歷史等，還記述他前往荷蘭參加了萬國博覽會的盛況。另有《小方壺齋輿
地叢鈔》第 11 帙本。

138.《西洋雜志》八卷（1877～1881）

黎庶昌撰。上海圖書館藏清光緒二十六年（1900）遵義黎氏刻本四冊（本
書提要採用版本）。

　　黎庶昌（1837～1896），貴州遵義人，字蓴齋，是中國晚清時著名的外交家和散文家。廩貢生。初從學於鄭珍，後爲曾國藩僚屬。與張裕釗、吳汝綸、薛福成稱「曾門四弟子」。光緒二年（1876）任出使英國大臣郭嵩燾的參贊，後兼任法國、西班牙等國參贊。光緒五年（1879），代表中國參加在巴黎舉行的關於建造巴拿馬運河的會議。光緒七年（1881）至光緒十年（1884）和光緒十三年（1887）至光緒十五年（1889），兩次以道員的身份出任中國駐日本國大臣。在日本期間，他花費重金搜集日本庋藏而我國早已佚失的唐宋及元代古籍二十六種，輯刻成《古逸叢書》200卷，震動海內外學術界。光緒十六年（1890）任滿回國，旋任山東兵備道。著作有《拙尊園叢稿》六卷、《丁亥入都記程》二卷、《西洋雜志》八卷和《黎氏文集》三十八卷等。除編纂《古逸叢書》外，還曾編纂《續古文辭類纂》二十八卷及《曾文正公年譜》等多部文獻，對保存古代文獻貢獻頗多。

　　《西洋雜志》是黎庶昌自光緒二年（1876）至光緒七年（1881）起以參贊身份隨郭嵩燾出使歐洲五年期間關於歐洲的記述。這五年中，他先後擔任了駐英、法、德、日斯巴尼亞（西班牙）等國參贊，並且遊歷了比利時、瑞士、西班牙、葡萄牙和奧地利等國。

　　《西洋雜志》共八卷，其中一至六卷爲「雜記」部分，主要介紹歐洲各國的政治體制、經濟發展、文化教育和風情土俗等內容。第七卷爲「遊記」部分，是黎庶昌在德國、法國、瑞士和比利時等國的旅行的記述，著重記述旅程和自然地理情況。第八卷爲「書簡與地志」部分，收錄了黎庶昌致李勉林、曾紀澤等人的五封書簡，以及由北京出蒙古中路至俄都路程考略、由亞西亞俄境西路至伊犁等處路程考略、歐洲地形考略等三篇地理考略。此外書中還掇錄了郭嵩燾、劉錫鴻、陳蘭彬、李鳳苞、曾紀澤、羅豐祿、錢德培等人記述的一些片段。《西洋雜志》一書，內容豐富而龐雜，記述了歐洲的政治軍事制度，如歐洲國家議會民主政治和政黨制度、軍事制度都有詳細的記述；對歐洲的教育與科學技術、天文地理知識如巴黎幼醫學堂、馬得利農務學堂、巴黎電氣燈局、蠶生玻璃廠等亦有精要的記述；而對歐洲的社會和民俗的記述更爲詳細和精彩，他除了記述歐洲貴族的婚喪嫁娶等風俗儀式外，還記述了油畫、戲館、燈會、輕氣球、賽船、鬥牛、溜冰、馬戲和賭票等歐人的文娛活動。該書文字生動，別具一格。鍾叔河先生曾指出：「《西洋雜志》中黎庶昌的文字，有一種與眾不同的特點。他所記述的重點，不是本人的行蹤交往，亦不是使館的交際應酬，甚至也不是外洋的基本資料，而是當時英、

法、德、西等國的社會和文化。它們就像反映十九世紀西洋生活的一卷風俗圖，畫面奇特，色彩新鮮，爲當時國內的人們見所未見。」（鍾叔河《從東方到西方——走向世界叢書敍論集》第 381 頁，嶽麓書社 2002 年版）

本書還有有鍾叔河主編《走向世界從書》本（湖南人民出版社、嶽麓書社），貴州人民出版社 1992 年譚用中點校本、以及社會科學文獻出版社 2007 年王繼紅校注本。

139.《出使英法俄國日記》一冊，不分卷（1878～1886）

曾紀澤撰。鍾叔河主編《走向世界叢書》王杰成標點本，嶽麓書社 1985 年版。

曾紀澤（1839～1890），湖南湘鄉人，字劼剛，號夢瞻，曾國藩長子，以自學通英文，爲晚清時期著名外交家。同治九年（1870），以廕生補戶部員外郎。光緒三年（1877），承襲侯爵。在京與西方傳教士和外交官交遊甚廣，諳熟外國情勢。光緒四年（1878）任駐英法公使，補太常寺、大理寺少卿，在英辦理訂造船炮事宜。光緒六年（1880），兼充出使俄國大臣，赴俄交涉修改崇厚擅訂的《里瓦幾亞條約》，次年簽訂《中俄改訂條約》（即中俄《伊犁條約》），旋授宗人府府丞、都察院左副都御史。中法戰爭期間，疏陳備禦六策，主張抗法，由左宗棠薦戳兵部右侍郎，與英國議定洋藥稅釐並徵條約，歲增入銀二百餘萬兩。光緒十一年（1885）解職回國，命幫辦海軍衙門事務，旋調兵部左侍郎。次年兼任總理各國事務衙門大臣。光緒十六年（1890）卒，諡惠敏。著作收入《曾惠敏公遺集》。

《出使英法日記》是曾紀澤於光緒四年（1878）至光緒十二年（1886）出使英、法、俄期間的日記，逐日記述了出使歐洲期間的親歷親聞，以記中外交涉、中西交通、歐洲的教育文化爲主，間涉歐洲的風土民情和禮儀制度。其中有關赴俄談判和中法交涉的文字記述，爲研究晚清時期中外關係史的重要資料。其中所論及的「中西通商互市交際」、「開千古未曾有之局」、「中國不能閉關而不納，束手而不問」等論點，深具卓識。

曾紀澤在出使期間的日記，最全的版本爲現存臺灣的《曾惠敏公手寫日記》（八冊），後臺灣學生書局予以影印出版。1985 年嶽麓書社據臺灣學生書局影印版全本整理標點，定名爲《出使英法俄國日記》，收入該社出版的「走向世界叢書」。這是當前最好的版本。

曾紀澤在出使期間的日記，還有其他一些版本，但均爲節選本。一是王

錫祺《小方壺齋輿地叢鈔》第 11 帙中的曾紀澤《出使英法日記》；二是王錫祺
《小方壺齋輿地叢鈔再補編》中的曾紀澤《使西日記》；三是光緒十九年江南
製造總局刊印的《曾惠敏公遺集》中所附日記二卷（臺灣「中國近代史資料
叢刊續輯」據此本影印）；四是湖南人民出版社 1981 年版「走向世界叢書」
中的曾紀澤《使西日記》。

140.《歐遊雜錄》二卷（1879～1881）

徐建寅著。國家圖書館藏清光緒間（1875～1908）刻本二冊；嶽麓書社
「走向世界叢書」本據徐氏家刻本校點。徐建寅（1845～1901），字仲虎，
江蘇無錫人，著名科學家徐壽之子，我國無煙火藥的創造者，曾在江南製造
局、天津機器局和山東機器局等地任職。他和父親徐壽都是曾國藩開辦安慶
軍械所時最先物色並造就的科技人才。光緒四年（1878），徐建寅充駐德使
館參贊。光緒五年（1879），徐建寅以工程技術專家的身份，由李鴻章奏派
前往歐洲考察兵工製造，為中國技術專家出國考察之始，撰有遊覽考察日記
《歐遊雜錄》二卷。《歐遊雜錄》，記述了徐建寅光緒五年（1879 年）由李鴻
章派往德國定購鐵甲兵船，同時考察兵工、機械、化學、採礦等企業的情形，
並記述了他在德法英比荷蘭等國考察遊覽諸事，起光緒五年九月，迄光緒七
年八月，是研究晚清中西科技交流發展史的重要資料。此外，本書還有《小
方壺齋輿地叢鈔》第 11 帙本。

141.《出使須知》一卷（1881）

蔡鈞撰。《小方壺齋輿地叢鈔》第 11 帙本。

142.《西俗雜志》一卷（1884）

袁祖志撰，上海圖書館藏清光緒十年（1884）刻本一冊（長 54389），蘇
州大學藏光緒十年上海文藝齋刻本一冊，另有國家圖書館藏《談瀛錄》叢書
本，以及《小方壺齋輿地叢鈔》第 11 帙本。卷首題為蒼山舊主（袁祖志）著，
西泠嘯翁抄。書中記述了作者遊歷西方的見聞，衣食住行、語言文字、政治
活動、社會生活等風俗皆有記述，文字簡練，生動有趣。雖然作者的記述有
新鮮獵奇的成分，但這些記述對當時的國人來說還是一種新鮮的訊息，頗具
參考價值。如對西方新聞紙、保險、郵票、學堂制度、蠟人館、街道上的自
來火燈（路燈）等等的記述，對當時國人都有耳目一新之效。

西泠嘯翁《西俗雜志序》：

「今者海禁大馳，商舶四湊，士之有志者往往馳觀域外，以開
拓其胸臆。一時蹤跡所至，輒有記遊之作，然於海程遠近、名勝所
在皆詳言之，而風土人情概從略焉。余友袁翔甫大令有壯志，客歲
作泰西之遊，凡所經歷上自國政，下逮民風，靡不博訪而詳紀之，
成《西俗雜志》一書。余假歸，擬手錄一通，未竟，即被索去。爰
就記憶所及追錄之以付剞劂。海內有志之士執是編而流覽焉。其於
風土人情不曾親歷其境，與諸西人於晤對則一几席間可作域外觀
矣。光緒甲申夏四月，西冷嘯翁識於滬上寓齋。」

143.《涉洋管見‧談瀛錄》一卷（1884）

袁祖志撰。上海圖書館藏清光緒十八年（1892）上海圖書集成印書局石
印本（隨園三十六種之一，合冊）；另有《談瀛錄》本，《小方壺齋輿地叢鈔》
第 11 帙本，上海圖書館藏光緒二十年《中外地輿圖說集成》本第 122 卷。本
書是作者在歐洲遊歷的見聞，他先後遊歷了法國、意大利、瑞士、英國、西
班牙、葡萄牙等國，考察了蘇伊士運河、意大利的火山、潘比阿古城、瑞士
的能湖山，還參觀了歐洲的火輪船、火輪車、大教堂、賽魚大會。所見所聞，
記述頗為詳細。

全書共一卷，卷首有陳衍昌序，分為 18 目，包括泰西不逮中土說、中西
俗尚相反說、火輪船不足恃說、呂宋煙亦耗財說、天主教窮源論、鴉片煙探
本論、蘇彝士河記、鉢碎驛記、火山記、潘比阿古城記、火輪車記、大教堂
記、義法道中山行記、瑞士能湖山記、賽魚大會場記、天士河記、葡萄牙山
城記、大西洋登山記。

陳衍昌《涉洋管見序》曰：

「人之有經濟者，未必有文章；有文章者，未必有經濟；有經
濟有文章，則又未必有閱歷。蓋有經濟而無文章，彼負管樂之具，
蓄良平之謀。良法美意充溢心胸，考厥生平未嘗著述，幸而有乘時
得志旗常鍾鼎，勳業昭然，無庸以空文自見也。不然懷才不遇或且
泯沒而無聞矣。此不可兼有者一若有文章而無經濟，往往抗談時事、
議論朝章，希君上之寵榮，恃庸流之歡賞，甚至建萬言策作千秋想，
豈知痛哭流涕不必抱治安之謨，疏證通明未必具忠清之略，坐論可
起行不可，夫亦何貴乎立言之不朽哉？此不能兼有者一，抑有經濟
文章而無閱歷，將必執臆度之私見，信虛論於傳聞，謂性情不甚相

遠，欲以王道化之荒遠在所必無，胥以讆（讀 wèi，1。虛僞欺詐，2。吹捧無能的人）言斥之，宜夫終身爲境所囿而不知也。至於圖富強而效法，求便利而取資，舍本逐末，失實務名，閉門造車不能出而合轍。夫顧非經躬親目擊之咨，即此不能兼有者又一。翔甫袁先生固統經濟文章而兼有者也，從遊環海，周涉列邦，遇一山一水、一物一名無不悉心稽考，極意搜求，乘攬勝之餘，具軼群之識，極摹寫採問之能事，薈萃而成書，顏曰：《涉洋管見》，知不作尋常記述觀也。而特惜夫如先生者，亦僅僅一儒生一末吏，彼蒼者天阨人已甚，不使之建功立業而但使之立說著書以成名也。悲夫！光緒十年甲申春二月世再侄同里陳衍昌拜序。」

144. 袁祖志《瀛海採問紀實》一卷（1884）

上海圖書館藏光緒二十年上海積山書局石印本《中外地輿圖說集成》第122 卷；《小方壺齋輿地叢鈔》第 11 帙本；國家圖書館藏《談瀛錄》本。袁祖志（1827～？），清浙江錢塘人，字翔甫，號倉山舊主。袁枚孫。官江蘇知縣。後寓滬。晚年結詩社，名「楊柳樓臺」。卒年七十餘。光緒初年曾出訪歐美，遂著有《隨園瑣記》、《談瀛錄》、《瀛海採問紀實》、《西俗雜志》等篇，《清朝續文獻統考》卷 267 有傳。《瀛海採問紀實》主要記述了東南亞和歐洲一些國家重要城市的地理位置、疆域面積、政治制度及風土人情等，這些城市包括西貢、新加坡、喀叻吧（雅加達）、亞丁、孯（奴下是「手」）波利、羅馬（意大利首都）、巴黎（法國首都）、倫敦（英國首都）、哈克（荷蘭首都）、巴竦希（巴西首都）等。作者還尤爲注意記載新興的技術，如他對英國倫敦的地鐵、河底水道和下水道記載云：「機器製造之所，無一不備，凡凡各國所有，洵能集其大成。其異於他處者，附城內外皆鑿空地底，穿穴而行，一層兩層重疊爲之，且有穿河底而過者，是上中下三道行車，誠爲奇絕。穴底車道兩旁誠有市肆，亦鑿空於上嵌厚玻璃以收亮光，乘此車者，下石階四五十級，買票登之，價亦不昂。其城內外之污穢皆由地底開溝流去二百餘里之遠，直達海中。」

145.《西事類編》十六卷（1884）

（清歸安）沈純（粹生）輯，復旦大學藏清光緒十年（1884）申報館鉛印本四冊。卷首有程咸焯序和凡例。根據卷首的《採進書目》，本書採錄了斌椿《乘槎筆記》、《航海述奇》、《出使泰西記》、《華工條復》、《華工呈詞》、

《使西紀程》、《英軺日記》、《使德日記》、《使西日記》、《環遊地球新錄》、《航海筆記》、《西輶日記》、《遊歷芻言》、《印度箚記》、《西俗雜志》、《出洋瑣記》、《歐遊隨筆》等18種著作。全書16卷，乃是「就出使人員各種日記節取實事分類編輯，參以鄙見，附之按語」(《凡例》) 而成，每卷一個類目，共計16個類目。卷一為「程紀」，記使臣所歷水陸道里 (包括斌椿由南洋至紅海、意大利、法蘭西、英吉利、荷蘭、丹馬、瑞典、俄羅斯、布魯斯、比利時路程；郭松燾由香港海道逕達英吉利路程；李圭由美國三藩謝司戈城陸路至費里地費路程；黃明經由勝越緬甸至印度路程) 而以星度天時附之；卷二為「交涉」，記中外交涉之事，為使臣所理論者，其華民旅居者附之；卷三為「聘問」，記覲見遞書禮節及使臣應守之例、主國接待之情，其尋常朝會使臣循例進見者，則入禮節類，以主國本有之事，非為使臣而設也；卷四為「禮制」，記泰西朝會、臨幸、慶賀等事，凡儀制、章服之類皆附之；卷五為「國用」，記各國賦稅、錢幣、信資、國債；卷六為「政治」，記泰西政事，凡議院官守刑獄之類，而以新聞紙附之，以其發號施令悉藉以傳達也；卷七為「形勢」，記各國山川、疆域、城市、人民；卷八為「武備」，記各國兵制、炮臺、戎器、技藝；卷九為「文藝」，記各國文字、繪畫、書院、學館以及天文、地理、曆法、測算、格致、醫理，凡西洋所謂實學者咸列焉；卷十為「民俗」，記各國人民形貌服飾、習俗好尚、婚喪禮節以及歌舞戲劇、鬥船賽馬之事；卷十一為「宮室」，記各國宮殿、園囿、古蹟、工程之類，其中陳設藏弄皆載焉，惟動植各物入物產類，教堂入教會類；卷十二為「善舉」，記養濟育嬰施醫等事，惟戒煙會關係中國，故入交涉類，義學別入文藝類；卷十三為「器具」，記泰西製造各事，而以尋常器具附之，惟軍器入武備類；卷十四為「商賈」，記行商坐賈之情形，舟車旅舍之規例，凡商部之事悉隸焉；卷十五為「教會」，記各國所奉之教；卷十六為「物產」，記穀果草木、禽獸蟲介、金石礦產、布帛絲茶之類。

程咸焯《西事類編序》：

「古者，左史記動，右史記言。類皆詳朝而略野，詳內而略外。龍門氏作，乃創為匈奴及西域諸列傳，歷代史書相沿而推廣之，然考其所記，大都北不逾沙漠，西不度崑崙，南不越交趾。至於印度以西更無論矣。近今志外域者，肇於林氏《四洲志》，而徐氏松龕之《瀛寰志略》，魏氏默深之《海國圖志》亦踵事而增。林書大

輅椎輪，徐書地圖無經緯度，又日爾曼諸列邦，如魯森卜之類，多不能指其所在。魏書博而傷繁，時有訛舛，混天方於西天竺，析綏林與丁抹爲兩邦，其尤著者也。此外，西南洋雜記如謝清高之《海錄》，陳倫炯之《海國聞見錄》諸書，雖各有所得而按之今日，情勢大半不符，則由其多採傳聞，不皆親歷也。我朝聲教暨記，梯航而來者，極於歐羅、美利堅。佛氏所謂四大部洲者，懼已杭葦可通，迴圈可徧。同治年間斌參領始奉命出洋巡歷諸國，嗣是而志與孫二星使繼之。未幾，而郭侍郎、劉京卿遂分駐英、德各邦。諸使臣負折衝之才，膺皇華之選。輶軒所至，目見耳聞，逐日箚記，久而成編。閱歷既深，諮諏復廣，其所敘述綦確且詳。蓋世運既變，而著述之體例亦因之一新矣。日記中自天氣寒溫、地形險易，大而兵農刑政，小而動植飛潛，罔弗竟委窮源，標新領異，張茂先之所未識，蘇長公之所未聞，洵可以開拓心胸，發抒才識也。諸書用聚珍板，印本無多，又未經頒發民間，罕寓目焉。余友沈粹生刺史博雅能文，洞達西學，負才不遇，時會坎坷，曾著《洋務輯要》、《蠡測錄》二書，讀者知其有經世之才，又纂《萬國通志》以卷多未就。近日搜集諸公出洋各日記及古巴華工供詞爲之摘要刪繁，加以按語，以類相從，區十有六目，名曰《西事類編》，凡十六卷。沈君嘗云：『辦洋務者無他謬巧，惟熟悉性情，兼知輕重而已。今得是書而尋繹之，馭交涉之事，則確有準繩。講戰守之方則動中竅要，豈第爲博物多聞之助，據今考古之資而已哉！光緒十年六月愚弟程咸焯拜序。』」

146.《各國時事類編》十八卷（1884）

（清歸安）沈純（粹生）輯，上海圖書館藏清光緒二十一年（1895）石印本四冊。此書後來改名爲《西事類編》。卷首有程咸焯序和凡例。此書的卷目劃分第 1～16 卷與《西事類編》相同，第 17～18 卷則爲輯錄何如璋的《使東述略》。該書《凡例》曰：

一、是編就出使人員各種日記節取實事分類編輯，參以鄙見，附之按語。其論斷之詞概不錄入。

一、是編就各記原文略刪繁冗之語，惟於各條之上冠以國名，其爲泰西通例者則冠以泰西二字，庶閱者易於稽考。此外不加一語以存其眞。

一、《初使泰西記》所載製造各法較他書爲詳，然未繪圖互證，雖千萬言亦未喻其妙。近來中國於各種機器譯有專書，故是編僅記大略茶使臣所不至，各國官紳多有邀約飲宴茶會，亦聯絡邦交之道，然不勝其書，故於公會外概不採錄。

一、泰西各國君稱謂不一，各記中有未經分別者。茲按照立約章程，於君主之國稱皇君民共主之國稱君主、民主之國稱總統或就其原書稱伯里璽天德。

一、斌參領奉使各各國由東而西而北，順道而行，無迴環往返之差，且爲出使之始。故是編所記各則就其程途爲次序而以亞美里駕列歐洲之後，泰西通例之事亦列亞美里駕後以清眉目。

一、布魯斯自勝法之後，日爾曼列邦奉之爲皇號爲德意志公會，而布魯斯本部仍列志四王國之一，西語所謂愛普孫也。各記中惟使德日記略爲分別其餘概稱之曰德不復知布矣。此編因之，以無從考證也。

一、日本爲同文之國，近來記籍流入中土者甚多，彼國山川風土政治人情士大夫諗之已久，其維新之政於泰西之法具體而微，無從採輯。是編既名《西事類編》則東洋事不便夾雜，別爲一書，俟諸異日。

147.《出洋須知》一卷（1884）

袁祖志撰。《小方壺齋輿地叢鈔》第 11 帙本。155.《西征紀程》四卷（1886）鄒代鈞著。國家圖書館藏清光緒十七年（1891）鉛印本二冊。鄒代鈞（1847～1918）字沅帆，又字甄伯，湖南新化人。光緒十二年（1886）隨劉瑞芬使英、俄兩國。後充京師大學堂教員，擅長地理之學，曾刻中外輿地全圖，爲近代輿地圖佳本。《西征紀程》爲其隨使英、俄期間所著日記，起自光緒十一年（1885）奉命之日，止於光緒十二年（1886）三月廿五日。另外，該書也被《小方壺齋輿地叢鈔》第 11 帙所收。

148.《五述奇》十二卷（1887～1890）

張德彝著。國家圖書館藏張氏家藏光緒二十七年（1901）稿本十二冊十二卷；北京圖書館出版社《稿本航海述奇彙編》1997 年影印本。卷首有那蘇圖序、作者自序及凡例。《五述奇》，乃是作者記光緒十三年至光緒十六年到柏林使館任隨員的見聞日記。國家圖書館藏光緒二十七年《五述奇》稿本

的目次如下：卷一暹羅國、印度國、亞丁、埃及國、義大里國、德意志國，卷二至卷十一德意志國，卷十二德意志國、法郎西國、埃及、亞丁、印度國、暹羅國、安南國。湖南人民出版社在 20 世紀 80 年代出版《走向世界叢書》時，曾將該書列入出版計劃，還將其改名爲《隨使德國記》，然而後來未刊。

149.《歸國日記》一卷（1887）

王詠霓撰。《小方壺齋輿地叢鈔》第 11 帙本。

王詠霓（1838～1915），字子裳，號六潭，浙江黃岩人。傳具楊晨《崇雅堂文稿》二。此書是光緒十三年（1887）作者從歐洲回國，繞遊英美日本等國的遊歷日記。

150.《遊歷聞見拾遺》一卷（1887）

洪勳撰。（1）北京大學圖書館藏洪勳《遊歷聞見錄》18 卷本之一，光緒十六年（1890）石印本四冊一函，附有輿圖和中法字母合譜。（2）國家圖書館藏《遊歷聞見錄》光緒年間（1851～1911）石印本 18 卷本之一，光緒十六年（1890）石印本四冊一函，附有輿圖和中法字母合譜。（3）《小方壺齋輿地叢鈔再補編》第 11 帙本。這是光緒年間洪勳作爲清政府首批選拔的海外遊歷使遊歷歐洲的遊歷見聞錄之一種。

151.《遊歷聞見總略》一卷（1887）

洪勳著。（1）北京大學圖書館藏洪勳《遊歷聞見錄》18 卷本之一，光緒十六年（1890）石印本四冊一函，附有輿圖和中法字母合譜。（2）國家圖書館藏《遊歷聞見錄》光緒年間（1851～1911）石印本 18 卷本之一，光緒十六年（1890）石印本四冊一函，附有輿圖和中法字母合譜。（3）《小方壺齋輿地叢鈔再補編》第 11 帙本。洪勳，浙江餘姚人，光緒六年（1880）進士。光緒十三年（1887）閏四月，時年 32 歲的洪勳參加了清政府第一次在同文館舉行的選拔海外遊歷使的考試，同年九月被予以錄取。清政府此次錄取了包括傅雲龍、繆祐孫、顧厚焜、劉啓彤、程紹祖、李秉瑞、李瀟瑞、孔昭乾、陳燨唐、洪勳、徐宗培、金鵬 12 人爲海外遊歷使。這 12 名遊歷使被分成 5 組派出，其中戶部主事洪勳和戶部候補員外郎徐宗培被派往西班牙、葡萄牙、意大利及瑞典、挪威等南北歐國家遊歷。洪勳一行於光緒十三年（1887）初冬，在上海乘坐德國商船西行，先抵達意大利。經奧地利赴德國柏林，後

至瑞典、挪威遊歷。又經比利時止法國巴黎。再至英國倫敦。由倫敦出發，經西班牙抵達葡萄牙的里斯本。在葡萄牙遊歷一個月，再至西班牙。後又至意大利，任乘坐德國商船回國。歷時近兩年，「通計船路六萬餘里，鐵路約四萬里。」（據王曉秋、楊紀國著《晚清中國人走向世界的一次盛舉——一八八七年海外遊歷使研究》第 225～226 頁，遼寧師範大學出版社 2004 年版）。洪鈞在遊歷中對歐洲的政治、經濟、文化、社會生活等方面都予以了細緻的分析總結，撰寫包括《遊歷聞見總略》在內的多種遊歷聞見錄。

152.《歸航陳跡》（1887）

（清）余思詒撰。上海圖書館藏稿本一卷一冊，原書尺寸 24.4×15.9cm；版框，Xcm；版式：格口四周雙邊魚尾，封面李鴻章題書名《航海瑣記》，扉頁汪薛澈題《歸航陳跡》。余思詒《航海瑣記》包括五種：《樓船日記》、《海戰要略》、《風性說》、《羅經差》、《歸航陳跡》。余思詒，江蘇武進人，曾任工部主事。光緒十一年（1885）六月，劉瑞芬出使英、俄，余氏毅然請從。光緒十三年（1887）劉瑞芬改任駐英、法、意、比四國公使，余氏亦隨同前往。在此期間，他入境問俗，凡所到各國的「山川要隘，政治得失，民生利病，共肆良楛」無不周覽詳究，認真記載。光緒十一年（1885）一月，清朝北洋海軍向英國廠商訂造了致遠、靖遠兩艦，又向德國廠商訂造了經遠、來遠兩艦。光緒十三年（1887）三月，四艦同時造竣。北洋海軍派琅威理前往驗收，鄧世昌、邱寶仁、葉祖矽、林允升同往驗收，劉瑞芬公使派余思詒護送四艦回國。經過五萬里的航行，歷時四個多月，至同年十月四艦行抵廈門。此時北洋海域已經封凍，奉命留在廈門操練。次年春天，駛抵天津，接受李鴻章的驗收。之後，旋即開赴遼寧渤海海域，正式加入北洋海軍行列。致遠、靖遠、經遠、來遠四艘輕型巡洋艦成為了北洋海軍的主力艦艇。《航海瑣記》乃是作者受命護送四艘返國途中所見所聞的詳細實錄，資料豐富而具體，真實可靠。《歸航陳跡》是《航海瑣記》其中的一種，該書卷首有光緒十四年冬十月餘思詒《歸航陳跡·引》：「今人以管窺天日：天小。天誠小矣，若塞其管而窺之，既不見有天，並失其為管之本矣。以蠡測海日：海淺。海誠淺矣。若覆其蠡而測之，既不知有海，並忘其為蠡之用矣。夫六合之間有一地球，地球上有萬國之分。人物山川之眾，而足跡之所能至目力之所能……」。

153.《樓船日記》二卷（1887～1888）

余思詒著，共計上、下二卷。上海圖書館藏光緒二十七年石印本。該書爲余思詒《樓船瑣記》之一種，封面及扉頁均題《樓船瑣記》。卷首前幾頁有光緒十六年六月劉瑞芬序及周懋琦序，接著有一扉頁以篆字題《樓船日記》，然後是余思詒《樓船瑣記序》及該書《凡例》。此日記由清朝派駐英國的隨員員外郎銜工部主事余思詒所撰，是作者在光緒十三年與參將鄧世昌等海軍將士一起奉旨護送清政府在英國阿模士莊廠製造的兩艘快船致遠號與靖遠號回國的歸程記錄。記敘時間上起於光緒十三年六月二十六日接到光緒帝聖旨起，迄於光緒十四年四月初八日回到國內天津止。作者在日記中詳細的記述了北洋海軍將士沿途的差操行陣（包括單行雙行魚貫陣、一字雙行雁行陣、雁行小隊陣、魚貫小隊陣、鷹揚雙翼單翼陣、燕翦陣、蝦鬚陣、蛇蛻陣、互易陣、犄角陣、叢隊陣、波紋陣等）調度方略，並且對沿途海上氣候、風性、潮汐經緯度等均有記述。不僅如此，作者於輪船所停靠的各埠均登岸遊歷，入境問俗，然後記載成文以廣見聞。而且作者特別注意考察外國海軍的駐地、軍事裝備、炮臺、操練情況，並予以詳細記載。例如上卷的《考英國水師轄地》、《各國鐵甲師船考略》、《五洲各國水師旗制》、《記蘇以士河道公司章程》、《魚雷艇說》、《泰西地圖之學考略》，下卷對馬克綏姆炮、寒暑燥濕風雨表等記述。同時作者還記載所經海道和河流名稱，考證外國地名，如上卷對蘇以士和阿非利加洲及下卷對獅子國、新嘉坡等地名的考證記載。劉瑞芬在序中寫道：「庚寅（1890）夏，述職東歸，行次上海，君郵寄此編，裒然成帙。每一展卷，如理舊事，如逢故人，絮語不休。蓋此中語云，皆予與君所躬親目擊。或同舟連袂，或調鞅聯鑣，險阻艱難，備嘗況味，此倍覺其言之親切。」劉瑞芬還盛讚此書的眞實性，稱其「言皆翔實，信而有徵」。總的說來，這部日記不能簡單的看做是一個旅程日記，其實是一部有很高學術性的軍事地理學著作，非常值得重視。

余思詒《樓船瑣記序》曰：

「考古舟師之制始於楚子爲舟師略吳疆，公輸子爲舟楫戰具退則鉤之，進則拒之。嗣後，漢造十章樓船，隋建五牙大艦，唐制挾水之輪，宋有轉海之式。智創巧述，代有其人。吳人以舟楫爲輿馬，以巨海爲平道，由來已久。唐伐高麗，明徵倭寇，蓋不必取法泰西，始揚威海外，克奏膚功也。道光中葉，海禁大開，遂成千古之創局。火輪船以運貨，大兵艦以衛商，鐵甲易以鋼甲，巨炮助以魚雷，閱時一周，行海程幾二千里，此又舟師之極則矣。故宇內志士咸思致

力西學，得措手於海疆焉。泰西海軍昉於埃及，由是互相效，則法制日明。明洪武時英吉利始創海軍，五百年來精密詳備，遂稱雄霸。世之言海軍者，莫不首溯及之。揆厥由來，悉由算學。蒙質魯識鈍，心焉好之。初究心於天算，苦其奧遠無憑，旋棄之而究心化學，乃一器傷而諸器若廢，藥水斷而考驗無方，又復棄之。銳意求尊攘懷柔之道，爲簡練揣摩之功。於是博採群書，究其緣始，訪購譯刻圖籍，遍覽華字新聞而涉歷西書，既師承之無，自學習西語，又口語之多訛，累日積月，垂二十年，所學迄無實際。乙酉之冬，蒙星使劉公奏調出洋，派駐英國。始自備資斧，遊歷英、法、和、比諸國，得以考證風土人情、學校制度，而於醫學礦務、工程製造尤不靳資財，不惜心力。殫精講求，然從事日淺，止窺門徑，莫登堂奧，良用歉然。逮護送兵艦東航，藉得暢遊，停輪各埠，且日與水師諸君共晨夕，始知海軍將士必上律天時，下襲水土，方克乘風破浪，攸往咸宜。其篤學者必博涉西書，勤求格致，不僅明製造，解測量，習風潮，熟沙線，辨海圖，能擅偏長巳也於知禦外侮，固海疆，張國威，尊國體，胥在乎是。蒙相與討論遂得知所未知，明所未明，因以身歷目擊，並講貫所及者記之於篇，留以自審而已。歸國以來，每與鄉曲知交燕談，或疑海軍若廣艇商輪，或比海軍如長龍、快蟹，耳目所囿，故無足怪。深惜朝廷創設之至意、當事經營之苦心，至今尤隱而不彰。是編於海軍行陣差操，調度方略巳具一斑，其他見聞凡有益於海軍者皆記之。且歷程五萬里，歷時四閱月。而於三大端用心尤良苦焉。一曰羅經差，即八卦之先後天也。二曰風性説，乃水師授受之課，外無傳刻者也。三曰海戰要略，乃彙集諸書，掇其精要，備海防之來者也。則是編雖不足以問世，或可爲當代之考求海軍而未能身歷者進一解歟。武進余思詒易齋甫序。」

《凡例》曰：

　　一、是編專記海軍沿途差操行陣，其他見聞之有益於海軍者必比事連類而書之。

　　一、經過各埠能登岸遊歷，有事實可稽者亦必附錄，以擴見聞。

　　一、逐日風雨寒暑多憑自處艙內表度記之，故與《兵船日記》參核，間有歧異。

一、所記氣差、鐵差及行程經緯度概照船中日記記之，倘其日未見測量、未見日記則闕而不錄。

一、海軍差操皆有定程，風雨不輟，所記或詳或略者以未經目擊則從其闕。

一、船中器具皆係極新式樣，非專門素習者，無由指其名，知其用，故所記略而不詳。

一、海軍差操調度非身在兵船不能見，非講求有素不能解，非在在考證不能詳。是編就平日所知及在船與諸將士講貫所得者隨筆記之。此外遺漏尚多義取徵實，故不知者不敢妄談，識者諒之。

154.《出使英法義比四國日記》六卷（1890）

薛福成撰。上海圖書館藏清光緒十八年（1892）上海鴻寶齋石印本三冊，由上海醉六堂發行（本書採用此版本），卷首有薛福成《自序》及《凡例》（另有上海圖書館藏清光緒 20 年（1894）孫溪校經堂刻本六冊；復旦大學藏清光緒 20 年（1894）孫溪校經堂刊本六冊；上海圖書館藏清光緒十八年無錫薛氏刻本六冊；走向世界叢書本；《續修四庫全書》影印清光緒十八年石印本）；《小方壺齋輿地叢鈔》第 11 帙本。薛福成（1838～1894），字叔耘，號庸庵，江蘇無錫人，晚清著名的維新思想家，外交家和政論家。他自幼即好經世之學，咸豐八年（1858）考中秀才，同治四年（1865）起投身洋務運動。先入曾國藩幕，後隨李鴻章辦外交，贊襄策劃，協助處理許多重大事件。曾上疏「治平六策」和「海防十議」，參與中英《煙台條約》的談判。光緒五年（1879）總理衙門欲委英人赫德爲總海防司，上書力阻乃止。中法戰爭時，薛福成結束幕府生涯，被清廷實授爲浙江寧紹臺道，助提督歐陽力見部署海防，擊退進犯鎮海的法艦。光緒十四年戳湖南按察使。次年任駐英、法、意、比四國公使，曾疏請創設南洋各島領事，保護華僑。他撰有《籌洋芻議》，主張學習西方，革新變法，讚賞西方君主立憲制度，提出以工商立國、允許私人集股辦企業、發展民族資本主義的要求。薛福成注意留心考察外情，對遺聞軼事及海外狀況，尤多論列。擅長古文辭，長於敘事和議論，以「曲盡事理」見稱。薛福成在光緒二十年出使任滿回國，在途中發病，於六月十九日在上海病逝，終年 57 歲。薛福成的著述頗多，有《庸庵文編》、《庸庵海外文編》、《浙東籌防錄》、《庸庵文別集》、《庸庵筆記》、《出使日記》、《出使公牘》、《出使奏疏》等，大多

已經收入《庸庵全集》。在《碑傳集補》卷一三和《清史列傳》卷五八有傳。

《出使英法義比四國日記》是薛福成奉命於光緒十六年（1890）出使英、法、意、比四國所寫的日記，始於光緒十六年正月，至光緒十七年二月止。該日記內容豐富，文筆流暢，集思想性和藝術性於一身，生動再現了晚清士大夫視野下的世界社會歷史文化風貌以及中西文化碰撞下的士人心態，也顯示了薛福成深厚的文學造詣，具有較高的學術和思想價值。日記中的《巴黎觀油畫記》更是膾炙人口、流傳甚廣的佳作。從日記中，我們可以看到薛福成拜訪歐洲各界人物、參訪議院、考察議會政治，參觀法國的蠟人館、埃菲爾鐵塔、歷代兵器博物院和船炮製造廠等處，參觀了比利時的恩尼織紗廠、鑄銅機器廠、啤酒廠、對歐洲火輪船、貨輪車、電氣通信（郵政）、電學、化學、輿地學極為讚賞。他認為：「西洋各國經理學堂、醫院、監獄、街道無不良法意美，綽有三代以前遺風，至其所奉耶穌之教亦頗能以畏天、克己、濟人、利物為心，不甚背乎聖人之道。所設上下議院亦合古之刑賞與眾共之之意」（光緒十六年十二月初十日記）。因此，他主張學習西方，不能閉關自首。他指出：「歐美兩洲各國勃焉興起之機，在學問日新，工商日旺，而其絕大關鍵，皆在近百年中；至其所以橫絕地球而莫與抗者，不過恃火輪舟車及電線諸務，實皆創行於六七十年之內，其他概可知矣。今之議者，或驚駭他人之強盛，而推之過當；或以堂堂中國何至效法西人，意在擯絕，或貶之過嚴。余以為皆所見之不廣也。夫西人商、政、兵、法、造船製器及農漁牧礦諸務實無不精，而皆導其源於汽學、光學、電學、化學，以得御水、御火、御電之法，斯殆造化之靈機，無久而不泄之理，特假西人之專門名家以闡之，乃天地間公共之道，非西人所得而私也。中國綴學之士，聰明才力豈遜西人？」因此他認為，中國必須努力學習西方的科技文化，以圖富強（光緒十六年四月庚子朔記）。他的日記夾敘夾議，內容廣泛，不僅僅記載地理風貌，對西方的風土人情、政教典章、科學藝術等等都有記述，而且文筆優美，確實是一部優秀的出使日記，有非常高的參考價值。

薛福成《自序》曰：

　　「光緒十五年為今天子親政之初，福成奉命出使英法義比四國，未及行。越明年，二月始抵巴黎。由巴黎至倫敦。四月至伯魯色爾。又明年，至羅馬。既已奉宣德、意，並撮其事機之大者，入告於朝廷。亦以諮謀詢度之餘，為日記六卷。大較由考核而得於昔

者，十有五六。由見聞而得於今者，十有三四也。義比新造之邦，未遑遠圖，英人通商，法人傳教，已徧通內地。交涉紛競，視他國爲甚。其分屬英法之緬甸、越南，尤逼吾南服。我不能閉拒阻過也。夫人而知之矣！知之而不圖所安，非所謂扭於積習粉飾自欺者歟。大抵今古之事，百變應之者無有窮時。平天下者平其心，以絜矩天下而知我之短、知人之長，盡心於交際之間。往者荷蘭、英吉利屢以商困人國，法蘭西、俄羅斯則常以教侵人國，然亦有效有不效，何也？禦之者有方，制之者有道。彼有大利亦有大忌，操縱之權固在我不在彼也。至於風俗政令之間，亦往往有相通之理，試觀其著者，其條教規模有合於我先王故籍之意者。必其國之所以興；其反乎我先王故籍之言者，必其國之所以替，即其技藝器數之末，要亦隨乎風氣之自然，適乎民情之便利，何新奇之有焉？吾聞管子之言曰：善射者厄於野，善遊者厄於梁。凡國之亡，亡於所長。然則天下之善之人長者，又既格勢禁，憚於發難。先動者得禍，故莫敢妄舉邪。孟子曰：及是時，明其政刑，誰敢侮予？福成以爲時不可失者，無有切於今日者矣。凡斯編所言，要有所致意。然太史公譏張騫使西域不能得要領，庸詎知我所謂至要。人固以爲非要我所謂非要，人固以爲至要乎？是則非福成所敢測矣。光緒十七年十月朔日，欽差大臣出使英法義比四國、二品頂戴、大理寺卿無錫薛福成自序。」

155.《出使英法義比日記續刻》十卷（1891）

薛福成撰。上海圖書館藏清光緒 24 年（1898）傳經樓校刻本十卷十冊，【復旦大學藏清光緒二十七年（1901）鉛印本，殘存七卷七冊；《續修四庫全書》第 578～579 冊影印清光緒 24 年（1898）刻本十卷；走向世界叢書本】。薛福成生平請見前述。《出使英法義比日記續刻》乃是薛福成《出使英法義比日記》的續篇，時間與之前後銜接，上起光緒十七年三月朔，下至光學二十年正月二十九日止。卷首有《凡例》及徐福成三子薛瑩中的《識》語。此書乃是其子薛瑩中在其去世後整理刊刻而成。該日記記述世界各地地理形勢，糾正外國地名、人名的譯音，詳細記載了其辦理外交事務情形及來往函電，對其所辦理的滇緬分界事宜記述尤詳。如他在光緒十八年十一月初九日記指出：「滇緬界務有三要：一、野人山爲西路屏藩……；一、潞江以東下游之地，爲南路屏藩……；

一、野人山以北爲樹漿廠，爲北路屏藩。」因此，該日記具有重要的外交史研究價值。而且，日記中對中外通商貿易及南洋華僑的生活境遇等多所記述，對西洋礦產開發、電學和化學的應用、鐵路的修建也有詳細的描繪，對當時的很多外交事件也有很多的評論，日記內容廣泛，有著多方面的參考價值。

卷首薛瑩中《識》曰：

> 「先君子自同治四年遊曾文正公之幕，始有日記，嗣是以後，未嘗間也。及奉使泰西，凡遇交涉見聞諸事，皆筆之於書。並譯西國史志新報，存其大略，所記尤多。已刻六卷。自庚寅正月迄辛卯二月，皆先君子所手定。辛卯三月至甲午五月，日有纂錄，閱時既久，卷帙遂繁。初擬東歸續刻，不意甲午之夏，使旋抵滬，未及二旬，即以積勞得疾，薨於出使行臺。維時不孝瑩中迎侍左右，奔喪而歸，泣檢遺稿，痛不欲生。是年冬復丁繼母憂，旋又患病經歲。久置未刊，乃先取《海外文編》、《出使奏疏》交姊壻蕭山陳君光淞、先君子門下士鄞張君美翊刻之。因日記皆係手稿，獨無副本，不敢輕付寫官。丙申秋，疾既愈，乃躬自校錄，釐爲十卷。閱一年而工竣，於是《出使日記》始末完具，可備當世君主考覽云。瑩中泣念先君子溺苦於學，雅好著書。自辦公外，手一卷不釋。出使之時，不孝雖未隨侍以往，而平日趨庭應對，滌幾捧硯之役，少習焉而心識之者。於是編如將見之，而今不可再也，因泣然流涕而記之。光緒二十三年冬十月第三男瑩中謹識。」

《續修四庫全書》第 578～579 冊影印《出使日記續刻》第十卷末有光緒戊戌年沈林一的《跋》。沈林一《跋》曰：

> 「使臣之職，安內和外，自古與將相併重，今泰西各國尤視爲專學，往往世爵貴紳屈身參贊等官，以資歷練，其選轉升戳不出是途，外部首相多由此選。故其使臣類能爲國宣勞，權利日擴。中朝自簡使出洋以來，軺車絡繹，而識者推不辱君命之才，必曰曾、薛。二公奉使英、俄，皆天下莫強之國。曾公索還伊犁，力改原約。薛公籌議滇緬分界，既得科干等地，並收回車里、孟連兩土司全權。蓋自中西交涉議界案起，奉命之臣能不自蹙地者已尠，況能拓地千數百里之廣，扞衛邊圉。此非忠誠智力，決服遠人，不能折衝樽俎如是也。惜乎當事不察，約未逾半年，遽以車裏之孟阿南北讓給法

人，英人起而責言，悉改舊約，已得之地仍歸於英。且償以西江通商之利。而公回華未久積勞，前卒以不及見矣。中外臣士，未嘗不為朝廷痛惜也。公與家大人鄉榜同年。公之三子慈明又為林一妹婿。今年七月，慈明既刻公之奏疏、公牘，復哀公前所未刻日記，悉付手民。公嘗議《續瀛寰志略》，分飭隨員翻譯泰西地志，已十得六七，而摘其大略於日記之中。觀公所記當日議界一案，考地之精詳，持論之堅決，操縱上下。該心力交瘁僅而得之。惟能明地勢，審敵情，故應機決策不為所蒙。此公所以措施之本也。林一嘗有《五洲屬國志略》之作，而苦囿聞見不詳不備。今得覩公之記，補所不逮，則又林一之所私淑而又不獲就正於公者矣。光緒戊戌八月姻愚侄沈林一謹跋。」

德仁謹按：薛瑩中《識》語後附有出使各國使臣的名單，墨筆手書，不知何人所寫。包括：俄國（崇厚、邵友濂、曾紀澤、劉瑞芬、洪鈞、許景澄、楊儒）、德國（劉錫鴻、李鳳苞、許景澄、洪鈞、許景澄、呂海寰）、意大利（李鳳苞、許景澄、劉瑞芬、薛福成、龔照瑗、羅豐祿）、荷蘭（洪鈞、許景澄）、比利時（許景澄、劉□、薛福成、龔照瑗）、英國（郭嵩燾、劉錫鴻、曾紀澤、劉瑞芬、薛福成、龔照瑗、羅豐祿）、法國（許景澄、劉□、薛福成、龔照瑗、慶常、裕庚）、美國（陳蘭彬、容閎、鄭藻如、張蔭桓、崔國因、楊儒、伍廷芳）、日本（何如璋、張斯桂、黎庶昌、徐承祖、黎庶昌、李經方、汪鳳藻、裕庚、黃遵憲、李盛鐸、蔡鈞）、大韓（徐壽朋）、俄國唁慰（王之春）、俄加晃（李鴻章）、南洋印度訪鴉片事件（馬建忠）、朝鮮通商蒞盟（馬建忠）、俄國遊歷（繆祐孫）。

156.《遊餘僅志》二卷（1893～1895）

清蒙古巴禹特氏鳳凌撰。國家圖書館藏民國十八年（1929）鉛印本二冊。上卷有周文治序和顧鴻逵序，下卷有作者之子彬熙的跋。此書原名為《遊餘僅志》，光緒三十一年（1905）鳳凌委託上海的友人幫助刊印，其友則按己意將該書改名為《遊歐摘要》（二卷），印刷了數百部。鳳凌看到該書已經印成，無法改正，只好手書「遊餘僅志」四字黏貼於書面，分贈知交。1929年其子彬熙以家藏原稿，重行付印。「鳳凌於光緒十九年經海軍衙門奏派隨駐英公使龔照瑗出洋遊歷，此書記其（光緒）十九年二月至二十一年十二月間，遊歷英、法、意、比四國事。按日記排記，除著重對英法各國之兵制、海防、

軍工、製器諸項詳加稽考外，對於各國政教法律、歷史沿革、風土人情、文物勝蹟，亦加臚列說明，各國彼此猜忌、爾虞我詐之關係，以及中英雲南交涉、李鴻章參加俄皇加冕、孫文倫敦蒙難諸事端，書中亦有記載和反映，可資參考。」（《中國歷史大辭典·清史下》第 711 頁，上海辭書出版社 1992 年版）

157.《回帆日記》一卷（1894）

陳春瀛撰。上海圖書館藏清光緒二十一年（1895）日本鉛印本一冊，書中有顧廷龍題記。據《續修四庫全書總目提要稿本》（齊魯書社影印本）第 32 冊第 119～120 頁《回帆日記》提要曰：「《回帆日記》一卷，光緒己未東洋本。清陳春瀛撰。春瀛，福建長樂人，為清季外交人材。任駐英公使館隨員。光緒二十年甲午，滇緬界約成，奉出使英國大臣薛福成命齎送回華，請用御寶後，由稅務司郵寄英京互換，此書即記由英法起程歸國途程及各國風土與華僑狀況，其論中外風俗與國中洋務均極扼要，且多卓識。始於甲午三月，至秋冬之際抵香港而止。書中如紀星洲商務、香港形勝、越南沿革及政情皆極詳盡，可供參考。又是年適當甲午之役，所記海外新聞、外人態度，尤當時外交資料，且均國內所不敢言者。其評論中外西俗云：大抵西例簡，中俗繁。簡則近於務實，繁則近於掉虛。簡則質，繁則文。上古質，晚近文。西國質勝文，中國文勝質。文勝之弊，自週末迄今二千餘年矣。大者朝廷體制之嚴，官府文牘之多，小之至於民間婚姻喪葬之費、飲食服御之徵，莫不日趨繁縟，而樸實之意離然無存，巧偽日滋，風俗日壞，由來者漸矣云云。所見極是，洵屬通論。按清季自鴉片戰後，海禁日開，出使人員亦漸悉外情，惟以民族政治、語言風俗、中外不同，莫不驚奇駭異，故出使海外者例多記載各國山川道里、風土民情，然泛泛者多，求其特識而議論通達者，尚不多覯也。」

158.《隨軺筆記》四卷（1894）

吳宗濂著。國家圖書館藏光緒二十八年（1902）著易堂鉛印壽萱室藏版四冊。卷首有宋文府等序和例言。吳宗濂，浙江嘉定人。《隨軺筆記》乃是光緒二十年吳宗濂隨從出使英、法、意、比四國大臣龔照瑗出使歐洲四國所著。所記起自光緒二十年（1894）三月初九日龔照瑗及吳宗濂一行由上海啓程登舟出洋，止於同年五月初二日龔照瑗向法國總統呈遞國書止。全書四卷：卷一記程，卷二記事，卷三記聞，卷四記遊。

159.《隨軺紀遊續集》二卷（1894）

吳宗濂、鳳凌著。國家圖書館藏光緒二十三年（1897）清光緒二十三年經世報館石印本一冊。此書是作者在比利時和意大利的遊歷筆記。卷一遊歷比利時國、比國朗珊炮臺圖；卷二遊歷意大利國、義國武備製造、隨軺紀遊餘編、匡時急策、經世報館文編、興浙文編、經世報格致、使臣出洋分駐表、英國疆域全表。

160.《六述奇》十二卷（1896～1900）

張德彝著。國家圖書館藏張氏家藏光緒三十年（1904）稿本十二冊十二卷；小方壺齋輿地叢鈔第 11 帙本，題爲《使英雜記》。《六述奇》乃是光緒二十二年至光緒二十六年（1896～1900）作者隨羅豐祿到倫敦使館任參贊的見聞日記。光緒三十年（1904）《六述奇》稿本卷首有光緒三十二年二月呂海寰弁言、作者自敘及凡例，具體卷次目錄如下：卷一安南國、暹羅國、印度國、亞丁、埃及國、法國、英國；卷二至卷十一英國；卷十二英國、義國、埃及國、亞丁、印度國、暹羅國。湖南人民出版社在 20 世紀 80 年代出版《走向世界叢書》時，曾將該書列入出版計劃，還將其改名爲《再使英國記》，然而後來未刊。

161.《李鴻章歷聘歐美記》（1897～1899）

蔡爾康、林樂知等編譯。湖南人民出版社「走向世界叢書」本據上海光學會光緒己亥刊本《李傅相歷聘歐美記》及光緒丁酉上海石印本《傅相遊歷各國日記》校點。卷首有林樂知序、李瀚章序、碧蘿仙序，正文由《聘俄記》、《聘德記》、《聘法記》、《聘英記》、《聘美記》組成，並附錄《傅相遊歷各國日記卷下》。

光緒二十二年（1896），清廷派李鴻章以太子太傅、文華殿大學士、一等肅毅伯頭銜充頭等欽差大臣赴俄參加俄國新皇尼古拉二世加冕典禮，簽訂「中俄密約」，並順訪德、荷、比、法、英、美等國。記述李鴻章此行的著述，有蔡爾康、林樂知編《李傅相歷聘歐美記》及桃溪漁隱等編《傅相遊歷各國日記》。1982 年，湖南人民出版社將上述二書合刊爲《李鴻章歷聘歐美記》一書，收入「走向世界叢書」。據湖南人民出版社「走向世界叢書」本《李鴻章歷聘歐美記》卷首鍾叔河序言《老來失計因豺虎》云：「《李傅相歷聘歐美記》，由上海光學會於光緒己亥（1899 年）印行，完全取材於西方報刊，編譯者則爲美國人林樂知（Young John Allen）和中國人蔡爾康。……還

有一種《傅相遊歷各國日記》（又名《節相壯遊日錄》），卷上記事多與《李傅相歷聘歐美記》相同而頗簡略，卷下所輯時論則極少重複。今將卷上多出的若干節，用仿宋字排在有關段落之後；卷下則僅刪去重複的兩節，附於卷末，亦用仿宋字體以示區別。」

林樂知（Young John Allen），美國人，於 1860 年由美國監理會派遣來華，直至 1907 年去世。林樂知在中國提倡西學、贊助維新，在變法維新運動中，曾經起過不小的影響。他在《李鴻章歷聘歐美記》卷首序文中論及他在中國「著述作報」的目的，他說：「鄙人寓華垂四十載，……自命為寓華之老友，而冀逆旅主人有勃然而興之一日；因而出其所能，著述作報，冀邀芻蕘之俯採。」協助林樂知編輯《李鴻章歷聘歐美記》並將其譯為中文的，是中國人蔡爾康。

162.《歸查叢刻七種》（1898）

謝希傅撰。蘇州大學藏光緒二十四年東山草堂石印本二冊。此套叢刻包括《皇華擎要》、《秘魯出使章程・秘義交犯條款》、《墨西哥述略》、《檀香山群島志》、《古巴述略》等。

卷首有汪康年序，曰：

「自太平洋而東得亞美利加洲，於大地為西半球，而海道於歐洲為近，當有明以前赤膚之民、介鱗之族勿與諸夏通，更哥倫波、華盛頓兩雄而種胄大遷，其興勃如，豈天地之性不愛其寶，亦待時而發者邪？灌莽初闢，土膏憤盈，吾南紀之民，貧劇者至扶老攜幼相率以往，受其雇直而酷者或臧獲視之，時有略賣其操之也無以異於磔犬流豕。嗚呼，修行人之職，瘁其心刀以庇吾黔首者，豈易易哉？謝君芷汸妻之雅材也，少習國聞，義氣感慨，嘗隨使西班牙、美利堅二國，辛乃參贊秘魯，以使事之劇，將命之重，士大夫或不素習則無以善全鄰交以自衛，僑居之民乃比次故事及其文牘與己所見聞於異域者，都為一編，名曰《歸查叢刻》。嗚呼，交聘以來，排日記者眾矣。然或間以議論，附會失真，其實事求是如謝君者，蓋不數數見也。《傳》曰：諏謀詢度，必諮於周謝君，殆近之矣。異時發其襟抱，以馳騁五洲之宇，使震旦一區蔚然為望國當自此始，寧獨於秘魯見之哉？光緒二十四年七月，錢塘汪康年。」

163.《皇華寧要》一卷（1898）

卷首題出使秘魯參贊謝希傅纂著。此書主要是作者以自己的親身經歷記載了是駐外使節出使日本及歐美國家如美國、秘魯、西班牙等國的外交禮儀和注意事項等。

卷首有謝希傅自序，曰：

> 「東西通道，使輶往來，履蒼瀛若衽席，爲五千年來未有之局。然按之西例，遣使聘問，自主之國權利宜爾。歐洲小國若羅美尼亞、若塞爾斐亞，中美洲若桑薩爾瓦多五國，斐洲若里畀利亞，若特蘭斯樸，其地大者如中國之一省，小者與縣相等，而其國例皆得遣使出駐他邦。各邦亦均以與國（目示）之無軒輊也。設其國爲人所屬，即不復爾。曩者日爾曼各侯國皆得遣使奧、義，同治初歸德意志合眾即無此權利，其他土屬之埃及、俄屬之布加里亞雖號半主而外交之權操自俄土，譬諸一家之中尊長在堂，一切酬應當爲所主，非子姪輩所可擬越，其理同也。咸豐之季，泰西各國與我通商駐使京都，越十餘年，我國亦分道遣使駐縈英美。往來聘覿萬國通例宜爾。是時，同文館教習丁韙良譯有《星軺執掌》一書爲奉使者之鵠，而到國後儀文節目散見於諸賢各日記中，每以未獲薈萃爲憾。希傅曩駐日美兩國，見聞略熟諗，旋移秘魯出與主國官紳籌接事，都親歷其有未盡考諸檔案，傳以舊聞，公暇詮次，約得數十條，非敢附丁氏譯書之後，亦聊俾後來隨使者便於考鏡云爾。」

164.《歐洲十一國遊記》（1898～1914）

康有爲著。康有爲（1858～1927），原名祖詒，字廣廈，號長素，又號更生、更甡，廣東南海人。人稱南海先生。清光緒進士。曾從粵儒朱次琦學經世之學。1888年起，曾七次上書光緒帝要求變法。光緒二十一年（1895）赴京參加會試，聞《馬關條約》簽訂，四月初八日（5月2日）與參加會試的一千三百多名舉人同時署名上書光緒帝，要求拒約、遷都、練兵、變法，史稱「公車上書」。康有爲後來成爲近代維新運動中的領袖人物。光緒二十四年（1898）他與梁啓超等人發動戊戌變法運動，「百日維新」失敗後逃亡海外。曾組織強學會、聖學會、保國學等，辦報紙，鼓吹改良主義。著有《戊戌遺稿》、《大同書》、《孔子改制考》、《新學僞經考》、《康南海文集》、《康南海先生詩集》等。

　　《歐洲十一國遊記》乃是康有爲流亡海外期間遊歷歐洲各國的日記總稱。康有爲自戊戌出亡，海外漫遊十六年，足跡達三十一國。他先後撰寫了意大利、瑞士、奧地利、匈牙利、丹麥、瑞典、荷蘭、比利時、德意志、法蘭西、英吉利等歐洲十一國的遊記，然而後來卻只出版了兩種，即初版於光緒三十一年（1905）的《意大利遊記》及初版於光緒三十三年（1907）的《法蘭西遊記》。湖南人民出版社 1982 年據上述版本校點後，以《歐洲十一國遊記二種》爲名收入了《走向世界叢書》。《意大利遊記》係康有爲光緒三十年（1904）五月至意大利時所記，《法蘭西遊記》則係康有爲於光緒三十一年（1905）七月二十三日赴巴黎時所作，二書對意大利的名勝古蹟、政治制度、歷史地理、民情風俗有較爲詳細的記述。康有爲考察歐洲十一國的主要目的「考政治」，想通過借鑒歐洲各國的政治歷史和現實來開出拯救中華民族的危亡的藥方，其《歐洲十一國遊記》應該就是他所開的藥方。因此，他的《歐洲十一國遊記》具有很強的政治價值，當然也有重要的地理價值。

　　湖南人民出版社「走向世界叢書」本《歐洲十一國遊記・目錄》如下：自序、海程道經記（包括放南洋至印度海、過亞丁至紅海、蘇彝士河至鉢賒、地中海）、意大利遊記（包括先泊巴連的詩往奈波里道中、奈波里、哈喬拉念古城、遊邦滓之二千年前古城、斐蘇斐士火山、奈波里餘遊及往羅馬道中、羅馬、號稱宇內第一之彼得廟、教皇宮、羅馬最巨之鬥獸場、歹布路宮、奧古士多宮、羅馬首王羅慕路之宮、尼祿帝宮、羅馬宮室不如中國秦漢時、中國不保存古物不如羅馬、羅馬古道、羅馬四百餘寺之至精麗者、博物院之刻石處、博物院之藏書畫處、公園中畫院、加爾西尼宮藏畫處、嗌士卑順宮藏畫處、邦非利宮藏畫處、尼順那院藏最古之刻石、巴釐尼宮藏畫處、元老院舊址、議院之制必發生於西、羅馬古蹟、遊王宮、議院・大學、邦非爾宮、古蹟雜述、羅馬沿革得失、遊加巴羅拉、佛羅練士市、斐呢士市、遊美蘭、意大利沿革、意大利國民政治、意大利之俗、羅馬之教、耶教出於佛、舊說羅馬之辯證、羅馬與中國漢世之比較、論五海三洲之文明源土）、法蘭西遊記（巴黎觀感、登鐵塔、遊盧華博物院、遊歈規味博物院、又遊干那花利博物院、遊基遼膩博物院、遊古墳、拿破崙紀功坊、拿破崙陵墓、遊蠟人院、杯倫園、遊摩蘇園、遊國家戲園、遊微賒喇舊京路易十四宮、遊威賒利宮、遊微賒喇宮、遊賒華磁廠、遊滿梯乜地利襖祠、遊煙弗列武庫、巴黎開闢之次第），後面三個附錄法國形勢、法國創興沿革、法國大革命記。

另外，據陳左高《歷代日記叢談》（上海畫報出版社 2004 年）指出：康有爲海外遊記搜羅最全的版本爲臺灣文史哲出版社 1980 年出版的《康南海先生遊記彙編》，該書除了《意大利遊記》和《法蘭西遊記》外，還包括《印度遊記》。《印度遊記》係康有爲光緒二十七年（1901）十一月赴印度時所撰。

康有爲《歐洲十一國遊記序》：

「將盡大地萬國之山川、國土、政教、藝俗、文物，而盡攬掬之、採別之、掇吸之，豈非凡人之所同願哉？於大地之中，其尤文明之國土十數，凡其政教、藝俗、文物之都麗鬱美，盡攬掬而採別掇吸之，又淘其粗惡而薦其英華焉，豈非人之尤所同願耶？然史弼之征爪哇也，誤以爲二十五萬里。元卓術太子之入欽察也，馬行三年乃至。博望鑿空，玄奘西遊，當道路未通、汽車未出之世，山海阻深，歲月澶漫。以大地之無涯，而人力之短薄也，雖哥倫布、墨志領、炭頓曲之遠志毅力，而足跡所探遊者，亦有限矣。然則欲攬掬大地也，孰從而攬之？故夫人之生也，視其遇也。芸芸眾生，閱億萬年，遇野蠻種族部落交爭之世，居僻鄉窮山之地，足跡不出百數十里者，蓋皆是矣。

進而生萬里文明之大國，而舟車不通，亦無由睹大九洲而遊瀛海。吾華諸先哲，蓋皆遺恨於是。則雖聰明卓絕，亦爲區域所限。英帝印度之歲，南海康有爲以生，在意王統一之前三年，德法戰之前十二年也。所遇何時哉？汽船也，汽車也，電線也。之三者，縮大地促交通之神具也。汽船成於我生之前五十年，汽車成於我生之前十年。而萬物變化之祖爲瓦特之機器，亦不過先我生八十年。凡歐美之新文明具，皆發於我生百年內外耳。萃大地百年之英靈，竭哲巧萬億之心精，奔走薈萃，發揚飛鳴，磅礴浩瀚，積極光晶，匯百千萬億之泉流而成江河湖海，以注於康有爲之生世。大陳設以供養之，俾康有爲肆其雄心，縱其足跡，窮其目力，供其廣長之舌，大饕餮而吸飲焉。

自四十年前，既攬掬華夏數千年之所有。七年以來，汗漫四海，東自日本、美洲，南自安南、暹羅、柔佛、吉德、霹靂、吉冷、爪哇、緬甸、哲孟雄、印度、錫蘭，西自阿拉伯、埃及、意大利、瑞士、奧地利、匈牙利、丹墨、瑞典、荷蘭、比利時、德意志、法蘭

西、英吉利，環周而復至美。嗟乎！康有為雖愛博好奇，探賾研精，而何能窮極大地之奇珍絕勝，置之眼底足下，攬之懷抱若此哉！縮地之神具，文明之新制，不自我先，不自我後，特製竭作，以傲勞貢媚於我。我幸不貴不賤，無所不入，無所不睹。俾我之耳目聞見，有以運軼於古之聖哲人，天之厚我乎，何其至也！

夫中國之圓首方足，以四五萬萬計。才哲如林，而閉處內地，不能窮天地之大觀。若我之遊蹤者，殆未有焉。而獨生康有為於不先不後之時，不貴不賤之地，巧縱其足跡，目力、心思，使遍大地，豈有所私而得天幸哉？天其或哀中國之病，而思有以藥而壽之耶？其將令其攬萬國之華實，考其性質色味，別其良楛，察其宜否，制以為方，採以為藥，使中國服食之而不誤於醫耶？則必擇一耐苦不死之神農，使之遍嘗百草，而後神方大藥可成，而沉屙乃可起耶？則是天縱之遠遊者，乃天責之大任；則又既惶既恐，以憂以懼，慮其弱而不勝也。

雖然，天既強使之為先覺以任斯民矣，雖不能勝，亦既二十年來晝夜負而戴之矣。萬木森森，百果具繁，左捋右擷，大爵橫吞，其安能不別良楛、察宜否、審方製藥，以饋於我四萬萬同胞哉！方病之殷，當群醫雜沓之時，我國民分甘而同味焉，其可以起死回生、補精益氣，以延年增壽乎？吾之謂然，人其不然耶？其果然耶？

吾於歐也，尚有俄羅斯、突厥、波斯、西班牙、葡萄牙未至也；於美也，則中南美洲未窺；而非洲未入焉；其大島，若澳洲、古巴、檀香山、小呂宋、蘇祿、汶萊為過。則吾於大地之藥草尚未盡嘗，而制方豈能謂其不謬耶？抑或惡劣之醫書可以不讀，或不龜手之藥可以治宋國，而猶有待於遍遊耶？康有為曰：吾猶待於後，遍遊以畢吾醫業。今歐洲十一國遊既畢，不敢自私，先疏記其略，以請同胞分嘗一臠焉。吾為廚人而同胞坐食之，吾為畫工而同胞遊覽焉，其亦不棄諸？

孔子生二千四百五十六年即光緒三十年冬至，康有為記於美洲北太平洋域多利之文島故居寥天室。」

165.《七述奇》卷數不明（約 1900～1906）

張德彝著。張德彝隨使海外的日記，共有八部，分別稱為《航海述奇》、

《再述奇》、《三述奇》直至《八述奇》。除了《七述奇》外，另外七部「述奇」稿本均藏於國家圖書館，而且第一至四部「述奇」已收入湖南人民出版社《走向世界叢書》出版。《七述奇》在過去很長一段時間一直被認爲已遺佚，而據趙金敏的《關於張德彝〈七述奇〉手稿》（《近代史研究》1985 年第 6 期）所言，說他們在中國歷史博物館館藏文獻中找到了包括《七述奇》在內的一批張德彝資料。因此，《七述奇》稿本很可能藏於中國歷史博物館，筆者尚未及見，此說待考。

166.《八述奇》二十卷（1902～1906）

張德彝著。國家圖書館藏張氏家藏清宣統年間（1909～1911）稿本二十冊二十卷；上海圖書館藏清光緒三十四年（1908）石印本二十冊；上海圖書館藏宣統元年（1909）石印本二十冊。《八述奇》二十卷，敘光緒二十八年至光緒三十二年（1902～1906）作者起任出使英國大臣，及其專使日斯巴尼亞（西班牙）和瑞士等國的經歷。清宣統年間（1909～1911）《八述奇》稿本卷首有王埁宣統元年的序、作者自序及凡例，具體卷次目錄如下：卷一暹羅國、印度國、亞丁、埃及國、義大里、法蘭西、日斯巴尼亞、英國；卷二至卷十九英國；卷二十英國、義大里、埃及國、亞丁、印度國、暹羅國。湖南人民出版社在 20 世紀 80 年代出版《走向世界叢書》時，曾將該書列入出版計劃，還將其改名爲《使歐回憶錄》，然而後來未刊。

167.《癸卯旅行記‧歸潛記》（1903、1909）

錢單士釐著。國家圖書館藏民國間（1912～1949）《癸卯旅行記》抄本三冊三卷；嶽麓書社「走向世界叢書」本《癸卯旅行記》據國家圖書館藏原稿本校點；嶽麓書社「走向世界叢書」本《歸潛記》據歸安錢氏家刻毛本校點。

錢單士釐（1856～1943），字受茲，浙江蕭山人，爲清季外交官錢恂（錢恂，在清末曾先後在中國駐英、法、德、俄、日等使館工作，最後出任駐荷蘭公使及駐意大利公使）的夫人。她出身書香世家，自幼受到良好的教育，因而學問精湛，著有《清閨秀文藝略》五卷。而且精通日文，在日期間曾擔任錢恂的日語翻譯。自光緒二十五年（1899）起她常赴海外探視丈夫，是中國知識女性最早走向世界者之一，比秋瑾還要早五年。光緒二十九年（1903）她由日本經西伯利亞前往歐洲，著有《癸卯旅行記》。宣統元年（1909）錢氏夫婦二人從歐洲回國，她著有《歸潛記》。

《癸卯旅行記》分爲上、中、下三卷，是錢單士鳌光緒二十九年（1903）從日本經朝鮮、中國東北、西伯利亞至森堡（聖彼德堡）八十天的旅行日記，是中國第一部出國女子所書日記。因而，《癸卯旅行記》是中外文化交流史及中國婦女史研究的珍貴資料。該書所記時間上起光緒二十九年二月十七日，迄於同年四月三十日。前有錢恂題記及作者自敘。《自敘》稱：「十餘年來，予日有所記，未嘗間斷，故瑣細無足存者。惟此一段旅行日記，曆日八十，行路逾二萬，履國凡四，頗可以廣見聞。錄付並木，名曰《癸卯旅行記》。我同胞婦女，或亦覽此而起遠征之羨乎？跂予望之。」所引這段文字，既敘述了此日記的著述緣起，而且還向廣大婦女同胞發出了「走向世界」的號召。由此可見，該書已經具有了對廣大中國婦女的啓蒙意識，確實不同凡響。

《歸潛記》包括彼得寺、新釋宮・景寺之屬、章華庭四室、景教流行中國碑跋、景教流行中國表、摩西教流行中國記、羅馬之猶太區—格篤、育斯、馬哥博羅事、義國佩章記、奧蘭琦—拿埽族章、寶星記等十二篇，內容主要爲記述意大利和古希臘羅馬藝文，以及關於中西交通史事之研究。

168.《出使九國日記》十二卷（1905）

戴鴻慈著。嶽麓書社「走向世界叢書」本，據光緒三十二年十二月農工商部設工藝局印刷科印本校點排印。戴鴻慈（？～1910），廣東南海人，字少懷。光緒進士，歷任山東、雲南學政。甲午戰爭時曾嚴劾李鴻章誤國，戰後遷侍講學士，繼擢刑部侍郎。光緒二十八年改戶部侍郎。光緒三十一年至光緒三十二（1905～1906）充出國考察憲政大臣，爲清廷派遣出洋考察政治的五大臣之一，歸國後奏請並籌畫預備立憲，升任法部尚書、軍機大臣，卒諡文誠。

《出使九國日記》爲戴鴻慈奉命出使考察歐美各國政治的日記，記自光緒三十一年（1905）十一月十一日出發起，至光緒三十二年（1906）六月二十一日返京止，共計十二卷。卷首有光緒三十一年六月十四日上諭、作者自序、例言及各國考察政治大事略表。

光緒三十一年（1905），清廷爲了預備立憲，派出以載澤和戴鴻慈爲首的「五大臣」出洋考察政治。考察分爲兩路：載澤、尚其亨、李盛鐸前往日本、英國、法國、比利時；戴鴻慈與端方前往美國、德國、奧匈、俄國、意大利。光緒三十二年（1906）考察回國後，「五大臣」的工作班子將考察所得編譯成書，呈朝廷新設的「考察政治館」「以備採擇」。此外，戴鴻慈又「重次日行

所記，凡十二卷」，名曰《出使九國日記》。戴鴻慈的《出使九國日記》，不僅只作爲考察報告及進呈各書的補充，「隨時記錄，間及瑣細」，且於考察政治之外，對於財政經濟、文化教育等方面也比較注意。

169.《考察政治日記》不分卷（1906）

載澤著。國家圖書館藏宣統元年（1909）上海商務印書館鉛印本一冊。嶽麓書社「走向世界叢書」本據宣統元年六月上海商務印書館初版標點排印。卷首有載澤自序。載澤（1868～1930），滿洲鑲白旗人，初名載蕉，字蔭坪，爲康熙第十五子允禑六世孫，襲封輔國公，光緒二十年晉鎮國公。光緒三十一年至光緒三十二年（1905～1906），作爲清廷派遣出洋考察政治五大臣之一，與尚其亨、李盛鐸同訪英、法、日、比等國。考察歸國後，其工作班子將考察所得「譯纂成書，凡三十部，九十六卷。部爲提要，恭呈御覽，而以其書上考察政治館備採擇。」同時，載澤又將其「郵程所歷，身履而目接者，與彼都人士言論之可甄存者，爲日錄一編」，名曰《考察政治日記》。《考察政治日記》所記上起光緒三十一年六月十四日奉旨出使開始，迄於光緒三十二年六月初四日返回北京止，主要內容「是外國官員、學者講解憲法及國家制度、政府工作的記錄。」「這些記錄，就其重要性來說，確實是近世中國人考查和研究外國政治達到了一定程度的標誌。」（鍾叔河《關於「五大臣出洋」》，載嶽麓書社「走向世界叢書」本《考察政治日記》卷首）

170.《十八國遊歷日記》（1910）

金紹城著。臺灣「近代中國史料叢刊續編」第二十一輯據金氏原稿本影印。金紹城（1877～1926），清末書畫家、書畫理論家。字鞏伯，一字拱北，號北樓，浙江南潯人。家近藕湖，又自號藕湖。精通英文和法律。宣統二年，奉命赴美，任萬國監獄改良會議中國代表，兼考察歐美諸國司法及監獄審判制度，歷經日本、美國、法國、英國、比利時、荷蘭、挪威、瑞典、丹麥、德國、奧地利、匈牙利、塞爾維亞、羅馬尼亞、土耳其、希臘、意大利、新加坡等十八個國家，撰成遊歷日記《十八國遊記》。該書所記時間起於宣統二年（1910）五月二十五日，止於宣統三年（1911）三月二十三日，書後附有《藕廬詩草》（參見陳左高《歷代日記叢談》212頁，上海畫報出版社2004年版）。

171.《通商諸國記》一卷（時間不詳）

朱克敬撰。《小方壺齋輿地叢鈔》第11帙。

172.《遊歷筆記》（時間不詳）

佚名撰。

（1）上海圖書館藏光緒二十年上海積山書局石印本《中外地輿圖說集成》第 125 卷本。

（2）《小方壺齋輿地叢鈔》第 11 帙；

作者遊歷了英國、俄羅斯、德國、法國、比利時、荷蘭、瑞士、西班牙、葡萄牙、意大利、土耳其、希臘、土耳其屬猶太國、埃及、亞喇伯、波斯、印度、錫蘭、緬甸、新加坡、暹羅、安南，然後經安南回到香港，接著在國內遊歷。作者對所經之地的地理狀況、人文物產、經濟生活均有較爲詳細的記述，而且文筆生動，如對法國里昂、馬塞的記述：「從巴黎斯乘輪車至里昂，此處織紬段最多，計製造工匠約有五萬人，後至馬塞，與美國通商之處。自巴黎斯至此一千九百餘里，街市繁盛，樓宇皆六七層，雕欄畫檻，高列雲霄。至夜燈光如晝，夜遊無須秉燭。」即描述了新興工業城市里昂紡織業的興盛以及商業重鎮馬塞的繁華。而且該書對東南亞地區新加坡、暹羅（泰國）和安南（越南）的西貢等地的華僑生活多有記述。

173.《泰西各國采風記》一卷（時間不詳）

宋育仁著。《小方壺齋輿地叢鈔再補編》第 11 帙本。

（二）俄羅斯

174.《俄遊日記》四卷（1887）

繆祐孫著。國家圖書館藏清光緒間（1875～1908）鉛印本一冊四卷。《俄遊日記》爲光緒十三年至十五年（1887～1889）繆祐孫奉使遊歷俄國的日記，又載於《俄遊彙編》第九卷至十二卷，全書詳細記述了作者此行圖經新嘉坡、錫蘭、意大利、德國而入俄境的所見所聞。據俞冰主編《歷代日記叢鈔提要》第 78 頁（學苑出版社 2006 年版）介紹：「繆祐孫，生卒年不詳，江陰人，字右岑，一作柚岑，荃孫從弟，光緒十二年（1886）進士，授戶部主事，升員外郎。隨洪鈞出使俄國，周遊俄　境二年，由恰克圖陸路歸，途程十萬餘里，著有《俄遊彙編》等書。本書爲清光緒十三年（1887）七月二十五日出發赴俄羅斯至光緒十五年（1889）七月中旬返回張家口的日記。一路從上海出發，走廈門福州，過臺灣至香港。再經東南亞至歐洲意大利，至德國入俄境。行程路線之長，經歷之豐富，所到地點觀覽風土人情、地理形勢，一一

記之，使人增廣見聞。」

175.《俄遊彙編》十二卷（1887）

繆祐孫撰。國家圖書館藏清光緒 15 年〔1889〕上海秀文書局石印本四冊十二卷。據《續修四庫全書總目提要稿本》（齊魯書社影印本）第 3 冊第 13 頁《俄遊彙編》提要曰：「《俄遊彙編》十二卷，光緒己丑刊本。清繆祐孫撰。光緒丁亥朝命舉遊歷，祐孫以戶部主事與選，奉命遊歷俄羅斯國，於十三年七月從海道至歐洲，十月抵俄都聖彼德堡，後循陸路東還，己丑年七月回京，因述見聞而成斯編。首俄羅斯源流考等篇一卷，次疆域表三卷，次鐵路表一卷，次通俄道里表一卷，次山形志、水道記一卷，次舟師實、陸軍制、戶口略一卷，次日記四卷，凡其國之山川風俗制度文物以及往來之路程，無不詳載，其陸路所經多循圖理琛之舊轍，雖制度有沿革，形式有變遷，然大致可與《異域錄》互相印證，王先謙五洲地理志略俄羅斯篇多採其文，是宜錄而存之，以備參考云。」

此書還有《小方壺齋輿地叢鈔》第 3 帙本。

176.《使俄草》八卷（1894～1895）

王之春撰。蘇州大學藏光緒二十一年乙未孟秋上海文藝齋刊本四冊八卷。卷首有王之春的《序》以及《凡例》十一條，卷末附有世界地圖一幅和《圖記》。王之春（1842～？），清湖南清泉人，字芍棠，一字爵堂。初為彭玉麟幕僚，光緒間歷任浙江、廣東按察使，湖北布政使，曾出使日本、俄國。累官至廣西巡撫，主張出讓廣西礦權，借法款、法兵鎮壓廣西人民起義，激起國內拒法運動，旋被解職。曾與彭玉麟同撰《國朝柔遠記》，綜述順治元年至同治十三年中外關係。另有《通商始末記》、《東遊日記》、《東洋瑣記》、《瀛海卮言》、《使俄草》傳世，在《清朝續文獻通考》卷二六四有小傳。《使俄草》係王之春出使俄國的日記。時間起於光緒二十年甲午（1894）十月十六，止光緒二十一年乙未（1895）閏五月十七日。王之春此次出使俄國的目的是奉旨以頭品頂戴、湖北布政使的身份前往俄國弔唁舊皇呵咧克桑德爾第三逝世，兼賀新主嗣位。王之春一行由上海起程，抵達俄都後駐跡兩月，而後順道遊歷了英、德、法諸國後取道回國。此書或考證各國世系或地名源流、或記載人物掌故、海外見聞、旅途生活，內容豐富，生動翔實，並附載即興詩篇。

王之春《使俄草·序》曰：

「國家聲威震遐，眾泰西臨封協輯，啟關互市，積有歲年。信使交通，往來紛沓。純風旁洽，罔有內外。悉主悉臣，侏離卉服仰慕中夏，洵建中之上儀，混一之隆軌也。歲在甲午，伏遇皇太后六旬萬壽聖節，開天坤維禔福，皇上九重隆養慶溥垓埏。詔以十月令之春等來京隨班祝嘏。稱娖既成，適值烏洛殊邦天驕嗣服，皇上講信修睦，柔遠能邇，特命前往齎書晤賀，思維弇陋愚，無以掞張盤俎績飾圭璋，用是考鼇圖冊，勾稽戎索，期以奉行。俾無隕越。竊幸經歷九閱月，往返數萬里，躬所歷覽，藉資質證。凡諸聞見匯入簡編，謹成《使俄草》都為八卷，敢敬紀其首端曰禹貢紀要荒之域未擴寰垠，周官志司馬之典，僅賅中寓，即至十齎傳文鄉不離夫連石九梯探穴尚限於亦妻。寸聞尺算非所以邘張乾樞楪貫塾紐也。國家金甌鞏奠，車書大同。矧俄自雅克薩一役以來定界易約胥受羈縻，世修職好，載在盟府。使臣謬膺斯選，典禮告成，幸免失墜，因率從官得遊歷英德法荷諸邦，凡隸疆索。間關履跡，雖五善美稱四達，宏記有媿前哲，未足云探賾紞捴奇沈墨而百聞不如一見，趙營平始條其便宜，視影不如察形，馬新息乃程其驗效，凡其蹴張十萬摽揃三方鍛戟稱雄，錐刀競算襲屠者之貴，呈犁鞬之琛露紛而竭袄神焚頂而親梵法。與夫盛衰反覆運算之機，沿革遷流之故，割據併吞之勢，禍福倚伏之數竊懷續輯，鄙僿無徵期，以備夏官職方之掌，佐虞廷益地之規，雜取譾言，未躋方雅，識者諒焉。夫舛東西之界，奮鵬翻而稽程，誤轉注之方，調鴃音而變響。使臣不敏，靡所取裁，抑誠未能免。此若其緝熙帝圖潤色鴻業，博我皇道，宏我漢京，是又責在振古襲奇之士，承明著作之才，非之春所敢云爾也。書成，恭敍其緣起如右。光緒二十一年乙未六月二十四日臣王之春謹序。」

《使俄草·凡例》云：

一、日記及紀程諸編肇始於鮑明遠大靁之書，而歐陽永叔之《于役志》、陸務觀之《入蜀記》，其繼起也。其體例或繁或簡，向無一定。而隨事簡記，莫詳於顧氏《日知錄》，竊參用其法焉。

一、郭侍郎《使西紀程》、曾惠敏《使西日記》、薛京卿《出使英法意比四國日記》大抵詳於所歷程途，亦間抒以議論，然皆至遞

完各國國書即戛然而止，未有記及歸程者，茲係專使，故仿出使琉球諸記之例，並於歸途所歷一一紀之。

一、日記爲出使而作，茲本專使，其於各國之政治沿革似無庸贅，然古人奉使當周知四國之情僞，故是編於西學之源流、山川之險易、民物之簡蕃，風俗之殊變、軍械之更新隨得隨錄。若夫擇焉而不精，語焉而不詳，是則涉歷未久之過，閱者諒之。

一、是編於國名地名人名如土耳其之即突厥，西比里亞之即悉畢爾，實即古鮮卑兒。包社之即波斯，實即古安息，往往隨手錄寫，彼此互異，良由譯音本無正字，不過就載在往籍可考而知者，間及一二，其他行篋無書可考，固未易引證也。

一、是書於朝紳燕會官眷、茶會及樂戲跳舞各節，罔弗登記，非瑣屑也。入境必問從宜從俗，固行人之所有事也。且亦以覘彼國之風俗梗概焉。

一、陰晴風雨似屬無關緊要，然暑往寒來備嘗艱苦，天時所值，未免經心。至寒暑一表，則俄國春冬極寒或無度可紀。巴黎寒暑自四十度至七十度而止，均無庸記。惟自上海逾香港雖在嚴冬亦必易裘而葛，至紅海而熱極，更過地中海，又復易葛而裘，故須詳志之以見地形橢圓、熱帶寒帶之異軌焉。

一、行程之遠近、遲速經緯之東西，相距赤道之遠近，相懸祇就去時記之，歸途省筆非略也。

一、專使唁賀係屬創舉，所有一切典禮都入記載，藉資考證。

一、使臣于役在外，適當中日戰爭之時，間有發爲論辭。本人臣各爲其主之義，不無過激之處。然義在有所不避，故不復加刪節。鈔胥已定，亦姑聽之。

一、是編所記，於歐洲獨詳，阿、亞兩洲及南洋諸島亦略紀焉。蓋皆得諸聞見，較爲詳墙者。至美、澳兩洲絕不一及，非略也，身所未經，目所未觀，不欲以意爲揣測也。

一、是編準《談瀛錄》之例，凡途中所作詩歌即錄於後，春鵑秋蟀有感斯鳴，工拙在所不計也。末附圖說，蓋亦猶是曩昔之例焉。

目錄：

第一卷：光緒二十年十月十六日至十二月初九日，自京師奉旨日起，及在上海辦裝日期止。

第二卷：光緒二十年十二月初十日至十二月三十日，自上海起程至除日止。

第三卷：光緒二十一年正月初一日至正月二十三日，自元旦日起抵俄都止。

第四卷：光緒二十一年正月二十四日至二月二十二日，自呈遞國書日起至由俄起程日止。

第五卷：光緒二十一年二月二十三日至三月初四日，自俄起程遊歷英德各國至抵巴黎止。

第六卷：光緒二十一年三月初五日之三月三十日，以上並在巴黎。

第七卷：光緒二十一年四月初一日至四月二十九日，以上並在巴黎。

第八卷：光緒二十一年五月初一日至閏月十七日自巴黎起程至抵上海奉旨准假日止。

附錄：

條陳摺稿一通

輿地圖一紙

圖說一篇

《圖記》云：

「天下有道，宅中馭外，守在四彝。王者不勤遠略，而德意所涵濡東南，置候西北，置尉九垓八埏。如在幕庭，即至窮髮赤裸，深目高鼻如《職方外紀・博物志》所稱述負固匪茹而輻車至止，宣揚仁風，靡不望塵思慕。矧國家與泰西列邦講信修睦，周聞內外，將來信使往還，關津互敭，當必有接軫，而至者問途，必經縣度待考，苟非略及一二，其何以敬告來哲。顧地理非圖莫明，圖非履覽不悉。大塊有形非可意為伸縮。若比例過大則山川城郭難於詳志，比例過小又恐未能囊括要區，致成掛漏。加以全球之圖，關河脈絡細如毛髮而外國一地名至八九字譯音互歧，十人譯之而十異，一人譯之而前後或異，漢字有筆劃繁多亦非分寸之地所能注寫。故茲第就所經行之路圖示大略。陸程則俄起森比得羅至戚爾日波羅倭。德

起俾爾維愛至廓倫。英起多甫，至倫敦。法起慕耳亞孫至馬賽。以
上鐵道。水程則由馬賽而亞勒散得而波賽而蘇彝士河而紅海而亞丁
而……不及繪，閱者諒焉。……」

中國科學院圖書館整理《續修四庫全書總目提要（稿本）》（齊魯書社影
印本第三冊第 24 頁）云：

> 「《使俄草》八卷（光緒己未石印本）。清王之春撰。是編乃光
> 緒甲午之春奉命使俄唁賀所作。以是年十二月自上海起程，從海道
> 赴俄，歷德、荷、英、法諸國，往返凡九閱月，逐日記其見聞，附
> 以詩歌。於各國之政治、學術、山川、土俗雖多記錄，要皆不脫前
> 人之窠臼。惟乙未正月二十三日記有云：『許使奉密電旨一道，當知
> 照過來，謹即祗領欽遵，籌維及之。』藉知之春此行不僅專為唁賀
> 而已也。」

177.《俄程日記》二卷（1894～1895）

楊宜治撰。上海圖書館藏清光緒二十年（1894）鉛印本二冊。楊宜治，
四川成都人，字虞裳。光緒二十年湖北布政使王之春奉旨出使俄國，前往弔
唁俄皇呵咧克桑德爾第三逝世，兼賀新主嗣位。因楊宜治曾與王之春於光緒
十一年共同辦理中越勘界事宜，得王之春賞識，故此次出使俄國，王之春遂
奏請朝廷派楊宜治隨行襄贊，得旨允准。楊宜治《俄程日記》記載時間，上
起光緒二十年（1894）十月二十六日「赴各堂憲宅辭行」，迄於光緒二十一
年（1895）閏六月十九日護送國禮箱到皇宮東便門後前往總署銷差止。王之
春、楊宜治一行於光緒二十年十一月初二日從北京起程前往上海，一路之上
或乘船、或乘火車，十二月初一日抵達上海。其中，十一月十五日近代改良
主義者鄭觀應前來拜會，「贈《盛世危言》四卷。陶齋，香山人。見充招商
滬局總辦。」第二天，鄭觀應又給他他們設宴餞行，而「座中有談近日邊事
者，以日本昔之貧小，今之富強，其得力在選材就學，學成重用耳。如伊藤
博文、朋榎輩皆廿年前出洋學生，今或柄國，或典軍矣。」指出了選撥人才
和學習西方的重要。光緒二十年十二月初十日王之春、楊宜治一行從上海吳
淞口登法國公司的輪船起程，從行者有潘慎初、徐堯階、馮蔚農、蔣壽霖、
魏伯琴、李叔耘等。他們經香港、澳門、越南、泰國、新加坡、蘇門答臘，
過印度洋、蘇伊士運河等處一路輾轉，於光緒二十一年正月二十二日抵達俄
國首都聖彼德堡。辦理完公事後，他們起程回國，順道參訪了英法德等國。

在日記中，作者隨時考釋地名，記載各處地理風貌和見聞，足具參考價值。書中記述了俄國鐵路的發達，指出了鐵路修造的重要性。「俄人海道既滯，乃營鐵路。自黑海達裏海兩岸之巴庫，又自裏海東南通波斯東北之查查。……俄乃注意於東界經營軌道，自查查東北跨開母河經撒馬兒罕以達塔爾巴哈臺之西，又東北繞金山之北，東逾外興安嶺，循黑龍江東渡，泝烏蘇里江南上至圖們江口，期與西道相接，工已及半。若其造成則吾華之北東西三面均接俄軌。我之鐵路不可不及早興辦。」王之春一行在俄國參觀了皇宮、溜冰場、博物院、蠟人館、藏書院，歸途中在德國參觀了伏爾鏗船廠、克魯伯廠、炮廠，在英國參觀了英國國家魚雷快炮廠、議政院等處，還考察了歐洲的議會和學校制度。

178.《歸槎日記》一卷（1899）

（陽湖）徐汾（漁舟）撰。上海圖書館藏清光緒間鉛印本一冊，爲《東遊日記》一卷後所附，其後又附《遊琿春記》一卷。《歸槎日記》敘述了作者自黑龍江漠河回天津，途中游歷了俄羅斯遠東地區的布拉廓爲悅深斯克、哈巴羅夫斯克等城市，並遊覽朝鮮、日本的一些沿海城市，作者對旅途中的自然地理風貌和人文風俗有簡潔的介紹。

徐汾《歸槎日記序》曰：

> 「光緒己亥之八月，東海歸，由漠河回津，途經俄羅斯東部、朝鮮、日本等處以達上海，勾留滬上者彌月，始行北，旋離菊叢，開一樽徑醉。偶有所感，作《歸槎日記》。余師孟范九許可遂附刊以示世。徐汾自誌」

徐汾《歸槎日記跋》曰：

> 「右《歸槎日記》一卷，乃余歸途所記。原本錯舛極多，特爲序次，貫以見聞，潤飾詞句，凡四易稿而竣，爲時已五閱月矣。光緒庚子元旦後三日東海歸鴻徐汾自誌。」

179.《奉使俄羅斯日記》一卷（時間不詳）

張鵬翮撰。《小方壺齋輿地叢鈔》第 3 帙。

180.《出塞紀略》一卷（時間不詳）

錢良擇撰。《小方壺齋輿地叢鈔》第 3 帙。

181.《海隅從事錄》一卷（時間不詳）

丁壽祺撰。《小方壺齋輿地叢鈔》第 3 帙。

182.《使俄日記》一卷（時間不詳）

張德彝撰。《小方壺齋輿地叢鈔》第 3 帙。

183.《金軺籌筆》一卷（時間不詳）

闕名撰。《小方壺齋輿地叢鈔》第 3 帙。

184.《北遊紀略》一卷（時間不詳）

吳□撰。《小方壺齋輿地叢鈔》第 3 帙。

185.《中俄界線簡明說》一卷（時間不詳）

錢恂撰。《小方壺齋輿地叢鈔補編》第 3 帙。

186.《中俄交界續記》一卷（時間不詳）

王錫祺撰《小方壺齋輿地叢鈔補編》第 3 帙。

（三）英　國

187.《奉使英倫記》一卷（1876）

清黎庶昌撰。振綺堂從書本。《續修四庫提要稿本》第三冊第 7 頁云：「庶昌字蓴齋。貴州遵義人。廩貢生。官至川東道，兩使日本。影抄唐宋舊籍成《古逸叢書》。是編乃光緒二年庶昌隨郭嵩燾出使英倫記行之作，首由上海至倫敦之里程，次由倫敦至柏林路程記略，所記海程簡略特甚。然可與郭嵩燾《使西紀程》互相參證，末二篇涉及國計民俗，不盡屬地理。今姑從全書標題附之地理類。」

188.《奉使倫敦記》一卷（1876）

黎庶昌撰。《小方壺齋輿地叢鈔再補編》第 11 帙本。

189.《卜來敦記》一卷（1876）

黎庶昌撰。《小方壺齋輿地叢鈔再補編》第 11 帙本。

190.《英軺私記》一卷（1877）

劉錫鴻著。《英軺私記》的版本主要有：（1）光緒二十一年湖南學政江標據「寫錄正本」將《英軺私記》收入《靈鶼閣叢書》第二集；（2）臺灣文海出版社「近代中國外交資料彙刊 30 種清代編」第 10 種《英軺私記》據光緒

二十一年（乙未）三月江氏長沙刻寫錄正本影印；（3）王錫祺輯《小方壺齋輿地叢鈔》第 11 帙刊本，收錄書名爲《英軺日記》；（4）嶽麓書社《走向世界叢書》本，據《小方壺齋輿地叢鈔》第 11 帙點校。

　　劉錫鴻，原名錫仁，字雲生，廣東番禺人，出生於一個魚販之家。清道光二十八年（1848）中舉後，以佐幕爲生。因捕捉「盜匪」有功，先後被清廷賞賜內閣中書、刑部院外郎等官職。光緒二年（1876），劉錫鴻任駐英副使，隨郭嵩燾出使英國。郭嵩燾出使英國。郭。劉一行於光緒二年十月十七日（1876 年 12 月 2 日）出國，十二月八日（1877 年 1 月 21 日）抵達倫敦。光緒三年三月十七日（1877 年 4 月 30 日）劉錫鴻被改派爲出使德國大臣，十月初九日（1877 年 11 月 13 日）離倫敦赴柏林，在英國只住了九個多月。劉錫鴻到德國後不到一年，於光緒四年七月二十七日（1878 年 8 月 25 日）被召回國。劉錫鴻在出使英、德期間分別撰有《英軺私記》和《日爾曼紀事》。

　　由於劉錫鴻思想上趨向保守，主張「用夏變夷」，是著名的反對洋務論者，而郭嵩燾的思想比較開明，二者存在著立場和觀點的分歧。在出使期間劉錫鴻與郭嵩燾積不相能，從遇事扞格直到互相奏參，對使事及二人仕途均產生了影響。《英軺私記》就是劉錫鴻出使英國的私人記載，其中記錄了他「用夏變夷」的嘗試及其失敗，他不得不在某些具體問題上修正自己原來的錯誤和偏見。清李慈銘《越縵堂讀書記》（上海書店出版社 2000 年版，第 522～523頁）評價《英軺私記》說：

　　　　「《英軺私記》，清劉錫鴻撰。閱劉雲生錫鴻《英軺私記》二卷，雖辭筆冗俗，不如郭筠仙《使西紀程》之簡潔，而敘述甚詳，於所見機器火器鐵路鐵船，皆深求其利弊，言之備悉。英人謀利之亟，講武之勤，以及收貧民、教童子、監獄之有法，工作之有程，國無廢人，人無棄物，皆能言之實，而風俗之陋，習尚之奢，君民不分，男女無別，亦俱言之不諱。至言中國外交之道，當據理直言，不可爲客氣之談，尤不可爲陰陽之論。凡自誇強大，不憚用兵，及中外一家，懷柔遠人之語，皆彼所共識，傳相姍笑。而或自相輕薄，諈華媚夷，至效其衣冠，習其禮節，尤彼所深鄙。此則持邦交者之至言，使四夷者之切戒，古今不易之理也。雲生，番禺人，以華人貲郎，好爲大言，依託貴要，得薦副郭嵩燾侍郎使英吉利半年，後改爲使德國正使。其居德頗有口舌功，聞尚有《德軺私記》，當再借觀也。光緒辛巳（一八八一）二月初十日。」

191.《白雷登避暑記》一卷（1890）

薛福成撰。《小方壺齋輿地叢鈔再補編》第 11 帙本。

192.《庚哥國略說》一卷（1897）

王錫祺輯。《小方壺齋輿地叢鈔再補編》第 12 帙本。

193.《英軺日記》十二卷（1902）

載振、唐文治撰。復旦大學藏光緒二十九年二月上海文明編譯書局鉛印本。臺灣文海出版社近代中國史料叢刊正編第 74 輯據光緒二十九年鉛印本影印。臺灣文海出版社近代中國外交資料彙刊 30 種清代編第 11 種影印光緒 29 年二月鉛印本。卷首有載振《英軺日記序》和《凡例》。該書記載了載振奉命於光緒二十八年三月至八月做爲專使英國頭等大臣出使英國所寫的日記。《英軺日記·凡例》曰：「是書分十有二卷。由北京啓程赴滬，由滬放洋歷南洋各島，過印度洋至地中海爲第一、二、三卷；由馬賽赴英住倫敦爲第四、五、六卷；住比京爲第七卷；住法京並由法啓程過大西洋爲第八、九卷；住紐約並由美啓程，經溫哥華過太平洋爲第十、十一卷，住日本由馬關回京爲第十二卷。」該書還說到了日本的紅十字會和紅十字病院和章程的問題。

《續修四庫全書總目提要稿本》第 31 冊第 741 頁《英軺日記》提要曰：

「《英軺日記》十二卷，光緒二十九年鉛印。清載振撰。振，滿清宗室，襲爵固山貝子、鎮國將軍。光緒二十八年（1902 年）英王愛惠行加冕禮，清廷命振爲專使欽差大臣前往致賀。歸國後任農工商部大臣。按振爲慶親王，頗與朝政。在親貴中其識見尚屬庸中皎皎，此編即出使英國時所撰。前有自序、次凡例，其體例蓋仿郭嵩燾《使西紀程》、薛福成《四國日記》而作。因當時倡議立憲、朝野侈言西事，郭、薛二書遂成名著。此書雖名《英軺日記》，凡美、法、日、比諸國之政治、經濟、典章律令以及學術工藝，靡不考求備載。亦清宗室言西事之首創也。全書凡十二卷，始於光緒二十七年冬，經歷各國共二十旬，由北京起程至滬放洋，遊歷南洋印度至地中海，爲第一二三卷；由馬賽赴英，住於倫敦，爲第四五六卷；住比京爲第七卷；住法京巴黎過大西洋爲八九兩卷；住紐約過太平洋爲第十、十一卷；住日本及回京爲末卷。逐日記載。凡各國之山川風俗、政體民情皆加詳紀。綜按全書，除仿照郭、薛日記外，並採黃氏日鈔、顧氏《日知錄》例。記事之餘，稍參議論。至所注

重者，大略言之，英詳於商務、學政，比詳於工藝製作、法詳於議院及各部體制並及教務，美詳於地方自治，日詳於君主立憲及軍政教育。蓋其出使目的即爲歸國之考鏡，因同光以來，凡出使人員亟言政治之宜加改革，而守舊者譏爲洋奴。至不齒於清流，清廷故特遣宗親出洋考察、以觀虛實，然憲未立，清社已屋，然此書固有關中國之政治也。」

194.《蘇格蘭遊學指南》（1907）

林汝耀等著。嶽麓書社「走向世界叢書」據光緒三十四年鉛印本校點。林汝耀，字慧生，江蘇金壇人，光緒年間留學蘇格蘭格拉斯哥大學，習工科船政，1907 年任（中國）留蘇學生會本年副書記。《蘇格蘭遊學指南》乃是林汝耀等蘇格蘭中國留學生會爲剛剛到來或準備來蘇留學的中國學生編寫的指南。該書卷首《序》曰：「乃於今春，聯愛丁堡、格蘭斯哥兩地同志，立一留蘇中國學生會。就格人所肄業、所閱歷可以爲來學助者，類集條分，編爲小冊。俾內地志士，得以詳考形勢，從其所好，早定方針。苟發軔其不迷，盍展裳而相就，斯編所陋，或有取焉。」該書內容主要包括：蘇格蘭大學簡言、蘇格蘭大學學期、蘇格蘭大學考試、大學學科課目、愛丁堡農務專門學校調查、格蘭斯哥工藝專門學校調查、工廠實習調查、遊學費用、來蘇旅行、留蘇學生姓氏錄、進校試題一覽（本年度）及附錄（包括英國全境調查、英國船政小史、船政之學法、謹告華商之賽博覽會者）。

195.《遊英京記》一卷（時間不詳）

闕名撰。《小方壺齋輿地叢鈔》第 11 帙。

196.《薄海番域錄》一卷（時間不詳）

邵太緯撰。《小方壺齋輿地叢鈔再補編》第 11 帙本。

197.《倫敦風土記》一卷（時間不詳）

張祖翼撰。《小方壺齋輿地叢鈔再補編》第 11 帙本。

（四）法　國

198.《使法雜記》一卷（1871）

張德彝撰。《小方壺齋輿地叢鈔》第 11 帙本。

199.《巴黎賽會紀略》一卷（1876）

黎庶昌撰。《小方壺齋輿地叢鈔再補編》第 11 帙本。

（五）摩納哥

200.《彈丸小記》（時間不詳）

佚名著。《小方壺齋輿地叢鈔》第 11 帙；上海圖書館藏光緒二十年上海積山書局石印本《中外地輿圖說集成》第 125 卷。《彈丸小記》一書，更準確的說是一篇八百字的文章，主要介紹了歐洲最小領土的國家摩爾奈的立國由來、土地面積、政治制度、稅賦徵收情況，並將其與「法蘭西之摩那哥、意大利之森馬林、日爾曼之廣石、界於西班牙與法蘭西之安道耳」等四個小國進行了簡單比較，文筆生動有趣。文章最後以感歎的筆調寫到：摩爾奈僅僅有十九平方公里的領土，然而它卻能「以彈丸之地立國稱王，介數大國之間又安無事，豈強鄰字小，不欲滅此而朝食邪？抑國小民貧，得之不足以取盈邪？嗚呼，抑又奇矣！」實際這是作者對當時貧弱無力的中國的一種渴望，這種渴望就是希望地域遼闊的祖國能像摩爾奈一樣獨立自強。

（六）德　國

201.《使德日記》一卷（1878）

李鳳苞著。臺灣文海出版社近代中國外交資料彙刊 30 種清代編第 10 種影印江氏刻定本。湖南人民出版社 1981 年版「走向世界叢書」據靈鶼閣叢書本排印標點本，並與曾紀澤《使西日記》合訂為一本。蘇州大學圖書館藏光緒二十三年丁酉（1897）湖南新學書局刊行本。

李鳳苞（1834～1887），江蘇崇明（今屬上海）人，字丹崖，因精通曆算、測繪，受到江蘇巡撫丁日昌的賞識，先後任職於江南製造局、吳淞炮臺工程局，曾繪製地球全圖，後升調福州船政局總考工。光緒二年以候選道率領馬建忠、嚴復等一流的「官生」出洋留學。光緒四年，奉旨署理出使德國欽差大臣，旋相繼兼任駐奧地利、意大利、荷蘭、法國公使。中法戰爭爆發，奉命回國，任北洋營務處總辦兼管北洋水師學堂。未幾，因在德購艦受賄銀六十萬兩事被革職。著述頗豐，有《使德日記》、《四夷編年表》、《西國政聞彙編》、《文藻齋詩文集》、《陸戰新義》、《海戰新義》等。《使德日記》乃是李鳳苞光緒四年奉命出使德國，自倫敦抵柏林沿途所見及在柏林往來酬應、

訪問考察的日記。始於光緒四年十月初二日，止於同年十二月二十九日，逐日記載了其出使過程中的所見所聞所感。有與各國公使會見的記錄、有觀看德國馬戲的精彩描述，還有參觀了西門士發電廠、參觀北德意志報館等記載。書中記述了同年十一月十五日前往溫德爾令登王宮覲見德意志皇帝的過程，對覲見的禮節和場面都有較爲詳細的記述，「車至宮門，侍衛迎入，登樓。禮官引至一廳，爲公使聚立處。未幾，一二三等使及署使咸集，共二十六人。唯苞帶陳季同偕往。相識各公使咸來問訊。一點一刻，法使託禮官臨時呈明中國署使初見，且告以姓氏。及排班，英使立東南隅，以次迤西。苞立西南隅，陳季同立於後。右禮官六人，立中間。旋以杖叩地者三，東邊門啓。德君及後出，眾鞠躬，亦鞠躬答之。德君穿兵官服，右臂絡於胸前。右手持羽冠。德后穿紫呢袍，徧絡黑條。德君宣言曰：重見諸君，實邀天幸。今蒙惠顧，感謝良深。眾又鞠躬。逐挨次自英使起各立談話數語，德后亦然。德君與一等使或握手或否，凡德君后至前先鞠躬，就前半步，談畢又鞠躬，退入班。……」書中對德國的風俗亦有記述，如記載了當地的耶誕節云：「西曆十二月二十五日克力斯馬士相傳爲耶穌生辰，凡洋教、西教之國咸以爲大節，上午男女齊集教堂，哱經聽講，典至重也。德雖不甚崇教，亦以是日爲令節先三日。糖果玩物雜陳，市肆介面徧搭木棚發售各種食物。要具先一夕以實用之物饋送親友獎賞婢僕，並分贈彩繪名片，綴以吉語。向晚每家供一柏樹密懸五彩燭枝玩具果品，邀集親友男女長幼團坐一棹佳餚旨酒棗糕糖果無不畢陳。宴罷，作猜枚藏鉤。一切嬉戲，盡歡而散。雖貧賤之家亦供盈尺，圍飲苦酒。前後三日，官師放假，傭雇停工，工商百藝咸各休息。」書中還記錄了西方的關稅制度，以及德、法、奧、俄、英、美、意等國的當年的稅收總數以及人均數字。李鳳苞在《使德日記》中闡述了 19 世紀德國地理、文化、外交、軍事等概況外，還重點縷述了清光緒年間的漢學家是如何中國文化的。「一爲參觀柏林書庫，特詳所珍藏我國古籍，有《大清會典》、《三才圖會》、《汲古閣十七史》、《元史類編》、《明史稿》、《爾雅圖》等，不乏善本名槧。二爲德國拜書樓正監督里白休士，縱論春秋前有無信史問題，且謂北無入聲，各國古音皆然，諒是天地母音云云。……三爲德國學士勺克，年近八旬，曾用德文撰寫《中國文法》、《中國古語考》。又通清語、蒙古語，手自編纂者數十冊。……又新報主筆愛孛爾博士發表中埃古文同源之說，能掌握文字學中象形、轉注、假借、訓詁學中的反訓。」（陳左高《中國日記

史略》上海翻譯出版公司 1990 年版，第 174 頁）總之，這是一部涉及廣泛，且資料詳實的外交日記。曾被收入一八九七年湖南新書局所編的《遊記彙刊》（共十六種，皆為域外旅行記），在當時就產生了一定的影響，促進了「西學」在中國的傳播。

202.《西海紀行卷》一卷（1887）

潘飛聲著。此書收錄於《古今文藝叢書》第三集。卷首有日本井上哲序、南海蕭馥常、張德彝、陶森甲、李欣榮、羅嘉蓉等題辭。潘飛聲（1857～1934），字公懽，一字贊思，號蘭史、老蘭，一號劍士，晚年別署水晶庵道士。廣東番禺人，雅好書畫，有《說劍堂集》刊行。《西海紀行卷》係作者赴德國講學時的紀行之作，所記起於光緒十三年（1887）七月十三日，止於光緒十六年八月二十二日。

203.《博子墩遊記》一卷（1889）

闕名撰。《小方壺齋輿地叢鈔再補編》第 11 帙本。

204.《天外歸槎錄》一卷（1890）

潘飛聲著。此書收錄於《古今文藝叢書》第三集。卷首有光緒甲午族兄儀增序，蕭馥常、何桂林等題辭。在儀增序中對潘飛聲往返德國始末及其刊行《天外歸槎錄》的原委有明確的敘述，曰：「歲丁亥，蘭史（按：潘飛聲，號蘭史）大弟館余六松園中，商榷文史，相得甚歡。是秋七月，為德國聘，主講柏林。殆庚寅八月歸里，已四易寒暑矣。蘭史少以能文名，負經世之志，數不得志於有司，牢騷抑塞，遂作航海遠行。……所著《柏林遊記》、《鑿空狂言》等書，論洋務諸款，洞中綮肯，乃無力梓行。只刊《西海紀行卷》並《海山詞》，一時藝林正想購取。今將饑驅北上，彈鋏依人。復出《天外歸槎錄》一卷，刊以壯行篋。」《天外歸槎錄》係作者自德國柏林講學東歸紀行之作，起於光緒十六年七月十一日，止於同年八月二十四日。

205.《述德筆記》八卷（1902）

毓長著。臺灣文海出版社近代中國外交資料彙刊 30 種清代編第 10 種影印本。

毓長，是清末宗室。該書記錄了其兄毓朗一生從政之事。毓朗，字月華，號餘癡。光緒三十三年襲封貝勒。光宣年間，先後曾擔任民政部侍郎、步軍統領、軍機大臣、軍諮大臣等職。《述德筆記》第三卷《記兄自記赴日本考察

土木員警事》，摘錄了毓朗《東行日記》所記其於光緒壬寅五月赴日本考察土木工程和員警事務之事。毓朗此行參觀了日本大學的醫科、上野公園、自來水公司、博物院、天文臺，赴內務省考察警保事務。毓朗對日本的天氣預報的精確、救火演習等頗為讚歎。而且他還前往書肆購置有關書籍，以補國內之缺。其記錄此事曰：「至丸善書肆，購東文甚多。其書雖多為中文所譯者。然每於其精密深到處，輒為中文所無，疑為譯者所棄也。即如地文學氣象一門，求如東文天氣預報論所述者，渺不可得。員警中偵探之方法、戶籍之鉤稽，飲食之取締、娼妓之禁否，研求之法，皆有專書。遍徵各國現行制度之利弊，然後斟酌本國國情，如名醫之於疾，三折肱矣。」

（七）意大利

206.《西遊筆略》三卷（1859）

郭連城著。上海書店出版社 2003 年據同治二年（1863）初刊本標點整理本。上海書店所據的這個版本乃是復旦大學周振鶴先生 1998 年在巴黎法國亞洲學會沙畹藏書中複印後帶回國內，然後交給上海書店出版社標點整理出版的，在標點本中所有插圖亦照原樣予以保留。周振鶴先生所得的這個同治二年刻本非常罕見，就連著名天主教史研究專家方豪似乎也未看到。方豪在《中國天主教史人物傳》「郭連城」條目中稱「《增注西遊筆略》，一冊，郭連城著，民國十年（1921）武昌天主堂印書館印行。書有同治元年（1862）陸霞山序、咸豐己未（九年、1859）自序；增注本殆第二版也」，由此看來方豪似乎也未見到該書的初刊本。

《西遊筆略》作者為郭連城，名培聲，道光十九年（1839）出生於湖北潛江縣，後肄業於武昌崇正書院。他是一名天主教徒，教名伯多祿。郭連城在咸豐九年（1859）三月隨意大利傳教士徐伯達（Luclovicus Cel.Spelta）等人赴羅馬述職並遊歷意大利各地。他們由湖北應城天主堂出發，經武漢、九江、嘉興、上海、香港出境，至八月中抵達羅馬。在意大利盤桓數月後，於翌年二月回國，六月回到應城。書分三卷，以日記形式陳述這一年多西遊之旅的親歷親聞，還配有多幅可能是出於他自己手筆的插圖。《西遊筆略》應該是迄今所知近代中國「第一部詳贍豐富的西方遊記」（周振鶴先生語）。早在郭連成之前，曾有福建人林鍼和留學生容閎就在 1847 年就分別前往美國工作和學習。然而，林鍼只有一篇《西海紀遊草》的詩與序留了下來，篇幅很小，難

以展現美國當時的全貌；容閎後來寫成的《西學東漸記》主要是對其生涯的總結，並非在美國的觀感，而且遲至 1909 年才問世。人遊覽過歐美國家，但卻未有人所以說，郭連成的這部內容豐富詳贍的《西遊筆略》，具有重要的歷史地位和學術價值。在《西遊筆略》中郭連城描述了眾多見所未見、聞所未聞的新事物，如訓蒙館、窺天樓、病人院、博覽院、五洲方物院、瘋人院、踢球場、繪像所、仁愛所、義學館、水輪機院、自燃燈、自鳴琴等等。尤其值得注意的是，郭連城對這些前所未知的事物時所使用的新詞語，如把有線電報稱爲「電雷（下面應該是「因」字）線」，咖啡稱爲「加啡」與「茄啡」，煤氣燈稱爲「自燃燈」、照相館稱爲「繪像館」、慈善募捐會稱「遊味增爵會」，潛水衣稱爲「卻水衣」，紡織廠稱爲「水輪機院」、將「廣場」稱爲「走場」、醫院稱爲「病人院」，這些詞彙或音譯或意譯，這對於我們研究當時中西文化交流史及中國翻譯史有重要參考價值。

陸霞山《西遊筆略序》：

「余家世江蘇，髫年時見泰西傳天主教士學養與優而慕之，談及風土人情，輒思身歷其境。道光三十年，余與二三同志航海而西，由緬甸、印度、阿非利加、法蘭西、大呂宋等處，抵意大里亞之納玻離府，而肄業於聖家修院，蓋已八年於外矣。所過之地，風教殊焉，而要之化行俗美之林，率多見於供奉天主之處。咸豐丁巳，返棹故國，遇郭子連成於滬城。明年秋，郭子伴類思徐公西遊歸時，余司鐸北楚得其《西遊筆略》而閱之，所錄沿途見聞，皆余曩所身親目睹而毫無浮詞者也，更喜其文詞雅馴，記述簡明，非等山經海志怪異炫目。余不忍美玉韞櫝，爰付剞劂，以公同好。方今聖天子柔遠能邇，四海來臣，則郭子此書之刻，亦未必無稍補於盛朝采風之治云。時同治元年冬聖家會士楚北司鐸陸氏霞山敘。」

郭連城《西遊筆略自序》：

「嘗讀《詩》曰：『誰將西歸，懷之好音。』此詩人慕西方美人之辭也。方今我教宗畢約，承道統於泰西，繼聖座於羅瑪，布福音於下土，施教澤於中華，西方聖人之說，信不虛矣。城深懷西遊之心，久切伊人之想。己未春，傳教部諮到綸音，宣我徐大牧浮海而西之，城蒙牧之不棄，而以從我相許。此乃主假之緣，而玉成城西遊之志者也。以故將沿途見聞逐日略筆，以志遊賞之幸，而先顏

其書曰《西遊筆略》。咸豐己未上巳後三日郭連城寫於夏口舟次。」

207.《遊歷意大利聞見錄》一卷（1887）

洪勳撰。（1）北京大學圖書館藏洪勳《遊歷聞見錄》18 卷本之一，光緒十六年（1890）石印本四冊一函，附有輿圖和中法字母合譜。（2）國家圖書館藏《遊歷聞見錄》光緒年間（1851～1911）石印本 18 卷本之一，光緒十六年（1890）石印本四冊一函，附有輿圖和中法字母合譜。（3）《小方壺齋輿地叢鈔再補編》第 11 帙本。這是光緒年間洪勳作為清政府首批選拔的海外遊歷使遊歷意大利的遊歷筆記。

（八）瑞典挪威

208.《遊歷瑞典那威聞見錄》一卷（1887）

洪勳撰。（1）北京大學圖書館藏洪勳《遊歷聞見錄》18 卷本之一，光緒十六年（1890）石印本四冊一函，附有輿圖和中法字母合譜。（2）國家圖書館藏《遊歷聞見錄》光緒年間（1851～1911）石印本 18 卷本之一，光緒十六年（1890）石印本四冊一函，附有輿圖和中法字母合譜。（3）《小方壺齋輿地叢鈔再補編》第 11 帙本。這是光緒年間洪勳作為清政府首批選拔的海外遊歷使遊歷瑞典和挪威的遊歷筆記。

（九）西班牙

209.《遊歷西班牙聞見錄》一卷（1887）

洪勳撰。（1）北京大學圖書館藏洪勳《遊歷聞見錄》18 卷本之一，光緒十六年（1890）石印本四冊一函，附有輿圖和中法字母合譜。（2）國家圖書館藏《遊歷聞見錄》光緒年間（1851～1911）石印本 18 卷本之一，光緒十六年（1890）石印本四冊一函，附有輿圖和中法字母合譜。（3）《小方壺齋輿地叢鈔再補編》第 11 帙本。這是光緒年間洪勳作為清政府首批選拔的海外遊歷使遊歷西班牙的遊歷筆記。

（十）葡萄牙

210.《遊歷葡萄牙聞見錄》一卷（1887）

洪勳撰。（1）北京大學圖書館藏洪勳《遊歷聞見錄》18 卷本之一，光緒十六年（1890）石印本四冊一函，附有輿圖和中法字母合譜。（2）國家圖書

館藏《遊歷聞見錄》光緒年間（1851～1911）石印本 18 卷本之一，光緒十六年（1890）石印本四冊一函，附有輿圖和中法字母合譜。（3）《小方壺齋輿地叢鈔再補編》第 11 帙本。這是光緒年間洪勳作爲清政府首批選拔的海外遊歷使遊歷葡萄牙的遊歷筆記。

（十一）波　蘭

211.《過波蘭記》一卷（時間不詳）

闕名撰。《小方壺齋輿地叢鈔再補編》第 11 帙本。

（十二）其　他

212.《革雷得志略》一卷（時間不詳）

郭家驥撰。《小方壺齋輿地叢鈔再補編》第 11 帙本。

三、美　洲

（一）跨國遊記

213.《遊美洲日記》一卷（1874）

祁兆熙著。上海圖書館藏清抄本一冊一卷，後附《出洋見聞瑣述》一卷。祁兆熙（？～1891），上海縣人，同治十三年（1874）初冬奉委護送第三批留學幼童出洋肄業美國，次年（1875）初歸國，作《遊美洲日記》並附《出洋見聞瑣述》一卷。祁兆熙一行三十四人（幼童三十人，護送人員及隨行者四人），於同治十三年八月初九日（1874 年 9 月 19 日）乘船離滬，九月十三日（10 月 22 日）抵達三藩市，二十七日（11 月 5 日）到達四潑林飛爾（Springfield，即春田，今譯斯普林菲爾德）。將學生安頓好後，祁兆熙就返程回國，十二月初一日（1875 年 1 月 8 日）回到上海。《遊美洲日記》逐日記載了此行美國的往返經過，十分詳細而具體，爲研究晚清留學生史提供眞實而有價值的歷史記錄。《遊美洲日記》稿本原藏於上海南洋公學，後作爲「王培孫紀念物」歸於上海圖書館，後來嶽麓書社據此稿本點校後收入「走向世界叢書」。

214.《使美紀略》（1878）

陳蘭彬著。《小方壺齋輿地叢鈔》第 12 帙本。作者陳蘭彬，廣東人。光

緒四年（1878），作者奉命出使美國、西班牙、秘魯三國，由於途中突發疾病，赴美即還，因而稱其旅途日記爲《使美紀略》。日記所記時間起於光緒四年正月，止於同年九月。

215.《出洋瑣記》一卷（1881）

蔡鈞著。國家圖書館藏清光緒十一年（1885）長洲王韜刻本一冊；《小方壺齋輿地叢鈔》第11帙本。蔡鈞，字和甫，浙江仁和人。光緒七年（1881）奉清政府派遣出洋，隨使美、西、秘三國，光緒十年（1884）回國，光緒二十七年（1901）又被派充出使日本大臣。在出使美、西、秘期間著有《出洋瑣記》。

216.《三洲日記》八卷（1885～1889）

張蔭桓著。國家圖書館藏清光緒二十二年（1896）京都刻本八冊八卷。卷首有黃良輝序。

張蔭桓（1837～1900），字樵野，廣東南海人，清末外交官。光緒十一年（1885）接任鄭藻如爲出使美國、西班牙和秘魯大臣，四年後回國仍回總理衙門任職，並累有升遷。戊戌變法期間與康、梁等過從甚密，政變後被充軍新疆，光緒二十六年（1900）被清政府殺害於戍所。

《三洲日記》是作者自光緒十一年六月十六日（1885.7.27）至光緒十五年十一月十三日（1889.12.5）奉命出使美國、西班牙、秘魯等國期間的日記，因出使往返途中還遊歷了日本和歐洲，故將其日記稱爲《三洲日記》。該書對此行的遊歷行止、外事活動及往來案牘均有記述，其中還有很多關於海外華僑生活境況的記述，足資參考。

217.《遊歷圖經餘紀》十五卷（1887～1889）

傅雲龍著。上海圖書館藏清光緒十五年（1889）鉛印本（實學叢書）四冊。另外，傅雲龍的後人傅訓成整理校點的《傅雲龍日記》（浙江古籍出版社2005年版）將《遊歷圖經餘紀》全部收錄。傅雲龍於光緒十三年至十五年（1887～1889）奉光緒皇帝欽派，前往日本、美國、加拿大、古巴、秘魯和巴西諸國遊歷。在近兩年間，共撰寫了遊歷各國圖經86卷，主要以圖和表的形式，分別介紹了各國地理、歷史、經濟、政治、文化、軍事、外交等方面的基本情況。同時，他還把遊歷日程和見聞感想寫成了《遊歷圖經餘紀》十五卷，這是他在海外遊歷的日記，該書眞實生動地記錄了他本人走向世界

和遊歷日本及南北美洲的遊歷旅程、行蹤、考察遊覽活動、所見所聞和思想狀態。不僅如此，該書還以一定的篇幅介紹了當時巴拿馬、厄瓜多爾、烏拉圭和小安的列斯群島及夏威夷群島的情況。其中最詳細的是關於日本和美國的考察記錄。該書共計 15 卷，包括《遊歷地球圖》1 卷、《遊歷天時地里合表》1 卷、《遊歷日本圖經餘紀前編上》1 卷、《遊歷日本圖經餘紀前編下》1 卷、《遊歷美利加圖經餘紀前編上》1 卷、《遊歷美利加圖經餘紀前編下》1 卷、《遊歷英屬地迦納大圖經餘紀》1 卷、《遊歷美利加圖經餘紀二編》1 卷、《遊歷古巴圖經餘紀》1 卷、《遊歷秘魯圖經餘紀上》1 卷、《遊歷秘魯圖經餘紀下（智利附紀）》1 卷、《遊歷巴西圖經餘紀》1 卷、《遊歷美利加圖經餘紀後編（檀香山附紀）》1 卷、《遊歷日本圖經餘紀後編》1 卷、《遊歷圖經餘紀敘例》1 卷。其實，傅雲龍的《遊歷圖經餘紀》乃是與各種「遊歷圖經」互爲表裏之作，相互補充。圖經爲記事體，「以地爲主」，餘紀則爲編年體，「以日爲主」。傅雲龍《遊歷圖經餘紀》卷十五《專例》曾指出：「圖經以所遊之國爲範圍，而餘紀就一日之見聞，不囿一地之甄錄也。」

傅雲龍《遊歷圖經餘紀》中的《遊歷日本圖經餘紀》曾在 20 世紀 80 年代由北京大學王曉秋先生點校後收入湖南人民出版社 1983 年出版的《早期日本遊記五種》之中，後又收入嶽麓書社出版的《走向世界叢書》。

218.《出使美日秘國日記》十六卷（1889）

崔國因著。上海圖書館藏清光緒二十年（1894）鉛印本六冊（本書採用此本）；復旦大學藏清光緒十九年（1893）鉛印本十二冊；王錫祺輯《小方壺齋輿地叢抄》第 12 帙上海著易堂排印本；《續修四庫全書》第 578 冊影印清光緒二十年（1894）鉛印本；（臺灣）文海出版社「近代中國史料叢刊」正編第 28 輯（總 275 冊）和（臺灣）文海出版社「近代中國外交資料彙刊清代編」第 9 種均是影印光緒二十年（1894）鉛印本；黃山書社 1998 年劉發清、胡貫中點校本。卷首有光緒十九年八月作者自序。

崔國因（1831～1909），字惠人，自號宣叟，安徽太平縣人（今黃山市）。清同治十年（1871）辛未科進士，同治十三年授翰林院編修。光緒初兩充會試同考官。光緒十五年（1889）薦升翰林院侍讀。接替張蔭桓之職，出使美國、日斯巴尼亞（西班牙）、秘魯大臣，後轉補翰林院侍講。光緒十九年七月任滿回國前授右庶士。另著有《桌實子存稿》一卷。

《出使美日秘國日記》是崔國因於光緒十五年至十九年出使美國、日斯

巴尼亞（西班牙）、秘魯期間所寫的日記，逐日記述，每日必記，一日不缺，前後歷時四十九個月，共一千四百四十七篇。崔國因在該書《自序》中稱：「日記者，記諸日所行之事，鉅細不遺，以紀實也。出使日記與尋常日記不同，必取其有關交涉裨法戒，此外皆所略焉。……日記云者，記今日可記之事。」因此，他所記載的大都是值得使臣關注的國計民生的重大問題，詳細記錄了當時世界各主要國家，尤其是美國的政治、歷史、地理、軍事、商務、外交等情況，以及關於美國和美洲華人的各種情形。書中還間有自己的議論和條陳。

219.《新大陸遊記》（1903）

梁啓超著。湖南人民出版社 1981 年《走向世界叢書》本據新民叢報社（日本橫濱）印本校點，卷首有徐勤序、作者自序及凡例，本書各篇目錄包括：由橫濱至加拿大；由加拿大至紐約；由紐約至哈佛、波士頓；由紐約至費城；由紐約至波地摩、必珠卜、由必珠卜至先絲拿打、紐柯連；由紐柯連至聖路易；由聖路易至芝加高；由芝加高至汶天拿省；由汶天拿省至舍路、鉢侖；由鉢侖至三藩市；由三藩市至羅省技利。

梁啓超（1873～1929），廣東新會人，字卓如，號任公，又號飲冰室主人。近代著名思想家，戊戌維新運動領袖之一。梁啓超自幼在家中接受傳統教育，1889 年中舉。1890 年赴京會試，不中。回粵路經上海，看到介紹世界地理的《瀛環志略》和上海機器局所譯西書，眼界大開。同年結識康有為，投其門下。1891 年就讀於萬木草堂，接受康有為的思想學說並由此走上改良維新的道路，時人合稱「康梁」。1895 年春再次赴京會試，隨康有為發動「公車上書」。又組織強學會。1896 年任上海《時務報》主筆，發表《變法通議》等；又編纂《西政叢書》，介紹西方資本主義國家政治經濟理論。1897 年，任長沙時務學堂總教習，在湖南宣傳變法思想。1898 年回京，積極參加「百日維新」。7 月 3 日（五月十五），受光緒帝召見，奉命進呈所著《變法通議》，賞六品銜，負責辦理京師大學堂譯書局事務。9 月，戊戌政變發生，梁啓超逃亡日本，先後創辦《清議報》和《新民叢報》，鼓吹改良，立謀起兵勤王，堅持君主立憲。辛亥革命後，回國集合立憲派、保皇黨組成進步黨。1916 年又與蔡鍔聯合反袁，8 月組建憲政研究會。1917 年 7 月出任段祺瑞政府財政總長兼鹽務總署督辦，9 月孫中山發動護法戰爭，11 月段內閣被迫下臺，梁啓超也隨之辭職，從此退出政壇。晚年主講於清華學校，為清華國學研究院

四大導師之一。梁啓超學識淵博，在文學、史學、哲學、佛學等諸多領域，都有精深的造詣，一生著述宏富，所遺《飲冰室合集》計 148 卷，1000 餘萬字。

《新大陸遊記》是梁啓超 1903 年到北美旅行的遊記。他於是年正月廿三日由日本橫濱出發，二月初六日抵達加拿大溫哥華，四月十六日由加拿大滿地可（蒙特利爾）到美國紐約，以後歷遊哈佛、波士頓、華盛頓、費城、必珠卜（匹茲堡）、先絲拿打（辛辛那提）、紐柯連（新奧爾良）、聖路易、芝加高（芝加哥）、舍路（西雅圖）、缽侖（波特蘭）、三藩市、羅省技利（洛杉磯），九月初十日復由缽侖至溫哥華，十二日離開加拿大返程，廿三日回到日本橫濱。《新大陸遊記》是一部全面反映十九世紀美國社會、政治、文化情況的重要著作。是書詳細的介紹了美國革命獨立後短短一百多年來取得的突出建設成就，並得出「成功自是人權貴，創業終由道力強」的結論，宣傳了資本主義制度的優越性；同時重點考察了美國的共和政治制度，突出列舉了「美國政治家之貪瀆」及總統選舉之黑暗等資本主義民主的弊端。這兩個方面的記述，突出的反映了梁啓超在對待西方資產階級民主思想上的深刻矛盾，生動體現出當時中西文化碰撞下的士人心態。該書還詳細記述了美國華人社會生存狀況，可為海外華僑史研究者參考。

《新大陸遊記》，另外還有臺灣近代中國史料叢刊影印本。

220.《三洲遊記》一卷（時間不詳）

闕名撰。《小方壺齋輿地叢鈔》第 12 帙。

221.《墨州雜記》一卷（時間不詳）

闕名撰。《《小方壺齋輿地叢鈔》第 12 帙。

222.《地蘭土華路考》一卷（時間不詳）

闕名撰。《小方壺齋輿地叢鈔》第 12 帙。

（二）美　國

223.《西海紀遊草》（1848～1849）

林鍼著。湖南人民出版社「走向世界叢書」據林氏家藏原刻本標點，卷首有左宗棠、英桂、徐繼畬、萬鵬等人題記四則及英桂、周立瀛、周揆源、王廣業、王道徵的五首序，卷末李蟬仙等題詩二十首及周見三等人跋文五首，

可見林鍼美國此行引起了廣泛的關注。林鍼（1825～？），字景周，號留軒，原籍爲福州人，曾祖父曾有過「候選州」的頭銜。但到他祖父中年早逝後，家道中落，所有產業都被族人侵奪，後全家移居廈門謀生。1847 年，林鍼「受外國花旗聘舌耕海外」，擔任中文翻譯和教員，同年二月他由粵東（潮州）起程，六月到達美國，在美國工作了一年多後於 1849 年二月回國。《西海紀遊草》乃是林鍼此次美國之行的實錄，現存《西海紀遊詩》、《西海紀遊自序》、《救回被誘潮人記》，另附《記先祖妣節孝事略》一篇。《西海紀遊自序》，以駢文形式寫成，記錄了此次西渡重洋的見聞和所感。《西海紀遊詩》則以五言長篇古詩的形式描述了西方風土政教。《救回被誘潮人記》敘述了他旅美期間救助爲英人誘騙到紐約的二十六名華人回國，因而被英人設計構陷，幸有美國友人相助，得以雪誣一事。

224.《西學東漸記》（1909）

容閎著。嶽麓書社「走向世界叢書」本據前商務印書館 1915 年印本標點重印，卷首有作者自序。容閎（1828～1912），清末廣東香山南屏鎮（今屬珠海）人，近代資產階級改良主義者。字達萌，號存甫。少時入澳門馬禮遜學堂，後赴美國，咸豐四年畢業於（1854）耶魯大學，並入美國籍。次年回國，曾爲上海寶順洋行採購絲茶。曾到太平天國天京（今南京）向洪仁玕提出新政建議，但拒絕留太平天國工作。同治二年（1863 年）受曾國藩委派，爲籌建江南製造局，赴美國購買機器。同治七年通過江蘇巡撫丁日昌向清政府建議：組織合資汽船公司，選派留學生，開採礦產，禁止教會干涉人民詞訟等。同治十一年（1872）首批清朝官派留學生赴美，任留美學生監督，旋晉駐美副公使。光緒二十年（1894）中日甲午戰爭中，曾介紹孫中山向李鴻章上書。光緒二十四年（1898）參與維新變法運動。戊戌政變後，離京避居上海。光緒二十六年（1900）參加在上海張園召開的「中國國會」，被推爲會長，旋被清政府指名通緝，出逃香港。光緒二十八年（1902）移居美國，在美國病逝。著有《西學東漸記》等。

容閎《西學東漸記》原書用英文寫成，書名「My life in China & America」，直譯爲《我在中國和美國的生活》。共二十二章，自述其自道光八年（1828）至光緒二十七年（1901）間的經歷、見聞。對太平天國、洋務運動、戊戌變法等重大事件及自身從事的教育、政治、經濟活動記述尤詳。1909 年由紐約亨利‧霍特圖書公司出版。嗣後惲鐵樵和徐鳳石把該書譯爲中文，改名爲《西

學東漸記》於 1915 年商務印書館出版。嶽麓書社「走向世界叢書」本乃據舊譯本校點重印，並補譯了舊譯本原缺的《自序》及附錄《吐依曲爾氏之演講》，是爲該書的完整譯本。

225.《紅苗紀略》一卷（時間不詳）

蔡錫齡。《小方壺齋輿地叢鈔》第 12 帙。

（三）墨西哥

226.《東行日記》一卷（1876）

李圭撰。《小方壺齋輿地叢鈔》第 12 帙本。

227.《舟行紀略》一卷（時間不詳）

闕名撰。《小方壺齋輿地叢鈔》第 12 帙本。

（四）秘　魯

228.《秘魯形勢錄》一卷（時間不詳）

闕名撰。《小方壺齋輿地叢鈔》第 12 帙本。

（五）古　巴

229.《古巴雜記》一卷（時間不詳）

譚乾初撰。《小方壺齋輿地叢鈔》第 12 帙本。

四、非　洲

230.《探地記》一卷（1867～1871）

王韜撰。《小方壺齋輿地叢鈔》第 12 帙。主要是簡略的講述了非洲的地理、歷史的沿革及其當地的主要風俗、物產狀況，還提及了非洲的尼羅河。

五、大洋洲

231.《梁卓如先生澳洲遊記》（1900）

梁啓超著。嶽麓書社「走向世界叢書」本《新大陸遊記及其他》附錄《梁卓如先生澳洲遊記》據澳洲《東華新報》（1900.11.21～1901.7.27）及《飲冰

室文集類編》校點本。1900 年梁啓超先生自檳榔嶼啓程，經錫蘭前往澳洲遊歷，《梁卓如先生澳洲遊記》即爲此行的遊記。原來這些遊記均以單篇的形式發表在澳洲華僑的報紙《東華新報》上，鍾叔河先生後來把這些文章輯爲《梁卓如先生澳洲遊記》，收入嶽麓書社「走向世界叢書」，並給每節加上標題。這些標題目錄包括：自檳榔嶼往遊澳洲、遊西澳巴扶、遊南澳黑列、遊域多利省美利畔、遊孖辣、遊堅連尼士、向同胞演說、訪問西人、演講上諭、往外埠演說、遊貪麻、孝廉著書、致澳洲聯邦總督電、雪梨慶壽、像贊、雪梨酬唱、辭行小啓、致雪梨保皇會函、贈別鄭秋蕃兼謝惠畫、澳洲別贈。

232.《新金山記》一卷（時間不詳）

闕名撰。《小方壺齋輿地叢鈔》第 10 帙。

233.《澳洲紀遊》一卷（時間不詳）

闕名撰。《小方壺齋輿地叢鈔》第 10 帙。

下篇：國人輯譯的域外地理著作和遊記著作提要

A：國人輯譯的地理著作

一、多國地理總論

1.《五洲圖考》不分卷（1898）

龔柴編譯，許彬續編。復旦大學和上海圖書館藏清光緒二十八年（1902）上海徐家匯印書館鉛印本四冊不分卷（本書採用此版本）；上海圖書館館藏清光緒二十四年（1898）鉛印本四冊不分卷；又：上海圖書館館藏清光緒中石印本一卷一冊（長 636203，封面題《中外輿地通考》，扉頁題《中外輿地通考》及《五洲圖考》李杕序、汪康年序、龔柴識和許彬自識）；蘇州大學藏清光緒二十八年（1902）排印本四冊。卷首有汪康年序、李杕序、龔柴識和許彬自識別。本書編著緣起於龔柴在光緒己卯年創立的《益聞錄》上陸續登載了考證亞、歐二洲地理的文字若干章，龔柴後將其輯為《地輿圖考》，許彬後來又將這些文字重加校讎，並增輯美洲、非洲、澳洲三洲地理之文若干篇，合為一書刊行於世，是為《五洲圖考》。全書分地理總論、亞洲、歐洲、墨洲（美洲）、斐洲、澳洲等六門，每門之下設若干子目。其中，地理總論門之下分地體渾圓、地為行星、測量地球、形勢釋名、天下高山、天下大川、五洲方域七個子目，概論整個地球的自然地理地貌和高山大川的地理分布。而亞洲、歐洲、墨洲（美洲）、斐洲、澳洲各門則以國別為子目，詳

細論述了各國的地理方位、名山大川、歷史沿革、居民戶口、風土人情狀況，且各洲前皆冠以各洲總論。該書亞洲論及了中國、日本、朝鮮、越南、暹羅、緬甸、阿富汗、廓爾喀、不丹、印度、俾路芝、波斯、阿剌伯、東土耳其、如德亞等國和地區；歐洲論及了羅瑪、意大里亞、法蘭西、西班牙、葡萄牙、英吉利、荷蘭、比利時、瑞典、丹國、日爾曼、瑞士、奧地利亞、希臘、俄羅斯、塞爾維、羅馬尼、蒲加利、西土耳其等國家和地區；亞墨里加洲論及了加拿他、亞拉斯加、米利堅、墨西哥、中亞墨利加、安地群島、哥倫比亞、厄瓜多爾、委內瑞拉、及英、巴西、秘魯、波里未亞、智利、銀國、巴拉圭、烏路圭等國家和地區；亞斐利加洲的論及了埃及、的黎波里、努比亞、阿比西尼亞、都尼斯、亞爾日里、摩洛哥、撒哈拉、蘇丹等國和地區；澳削尼亞洲論及了南洋群島、東南洋群島和太平洋群島。顧燮光《譯書經眼錄》稱：「原書附印於《益聞錄》，裒（póu）輯而成。舉凡五大洲大小各國皆考證方隅、風俗、政事、物產、人材，以及山川險要、名勝要區，譯自西書，言之縷析，附地圖 57 幅，亦甚精細。」

冀柴《五洲圖考・序》：

> 「光緒五年己卯，徐匯創《益聞錄》，余著《地輿考略》，凡四歷寒暑，探究涉獵中外諸書，其山川形勝，風土人情，各國疆域之廣狹，世代之沿革，物產之盛衰，人才之優劣，與凡有益於見聞、足資引證者，莫不粗具一篇，陸續登報，已刊者惟歐亞兩洲，亞洲又專梓行世，名《地輿圖考》，迄今十餘載，不脛而行，鄴架早空。去年秋，許君采白，欲以其所著《斐墨澳三洲考略》，與余《歐亞二洲考》匯為一編，余然之，因改名《五洲圖考》。噫！崑崙之脈，發於培塿；江漢之長，始於涓滴；《五洲考略》僅培塿耳，涓滴耳。然苟由是而旁搜遠引，撫古徵今，或者於中外修睦，萬國通商，與夫反本歸原之學，不無小補也夫。光緒二十四年冬，前京古愚氏冀柴識。」

許彬《五洲圖考・序》曰：

> 「中國之談輿地者，推史書所載，不出亞西亞一洲。惟梁時所聞。倭國東北七千餘里有文身國，土俗歡樂，物豐而賤；又東五千里，俗與文身同。又隋唐間，有自流求東南行五六月得一大地，如以道里計之，宜若可當美洲之南與北，而西人亦以墨西哥之開化，為唐初之唐人。又據遊秘魯者，其村邑規模，謠俗之舊，多與中國

同。又見其洲古字一種，類鳥篆。意者古人耳目所及，風教所通，此為最遠，而後人數典忘之耶！遂使踵西泰來遊者，僅以《坤輿圖說》、《職方外紀》等書問世，世猶廢然河漢之。及魏氏以《海國圖志》、徐氏以《瀛寰志略》繼踵起，海內博覽之士，乃少少知有五大部洲，若其他則並所與通商諸國之名稱，亦不之省，遑問其政教、風俗、疆域之殊。於是古愚冀君之主政《益聞錄》也，慨然附著《五洲圖考》，而先之以亞與歐兩洲焉，其他三洲則彬前承其乏續成之，今特就散見於《益聞錄》者，裒集之，重加讐校，而附之以中西地名合璧，其有不合者，則西名固在也，抑亦談輿地者之一助歟。光緒二十四年冬，上海采白氏許彬自識。」

2.《地輿圖考亞細亞圖考》一卷（1883）

龔柴著。上海圖書館藏清光緒九年（1883）浦西益聞館鉛印本，卷首有張崇壹序、吳慎旃敘、李杕序、龔柴序。卷首還有《凡例》。

《地輿圖考》一卷，總論五洲地理形勢。包括地體渾圓說、地屬行星說、測量地球說、地理形勢釋名、天下高山大川題名、天下五洲方域題名、天下五洲地輿全圖、亞細亞全圖等幾部分。

《亞細亞圖考》分成四卷。卷一，亞洲及中國疆域、山川、形勢總論，包括亞細亞洲考、中國方域總考、中國形勢考略、中國海島考略、中國十八省物產紀略、皇朝地輿全圖、中國歷代都邑考。卷二，分省論述中國各省地理狀況，包括盛京、直隸、江蘇、安徽、江西、浙江、福建、湖北、湖南、河南、山東、山西、陝西、甘肅、四川、廣東、廣西、雲南、貴州省。卷三，前半部分是論述了中國東北、北部、西北、西南等邊疆地區的地理狀況，後半部分則考述了鄰國不丹廓爾喀、朝鮮、越南、暹羅、緬甸等國的地理。卷四，論述日本、阿富汗、俾路芝、印度、波斯、阿剌伯、東土耳其、西里亞等國的地理情況。書中附有各國地圖及中國各省地圖多幅。

《地輿圖考亞細亞圖考·凡例》

　　一、書中所畫諸圖，悉照西人原本，第原圖細如毫髮而山川城鎮大小全羅，殊不可以筆劃繁多之漢字逐一注明，故從略居多，以資醒目。

　　一、圖上經緯度線照泰西畫法各得三百六十度，緯線每度約得中國一百八十里，經線於赤道上亦然漸行，南北每度里數漸減，其

每度當減若干尺，里數須以西人所著《並線度數表》爲準。

一、各國省府州縣疆界及山川湖澤相距里數，概以挺直計。核算里數，只取地方兩角相離最甚處。中央方正與否不計焉。以故地非方正者不可乘東西南北相距里數以得方里。蓋方里專指實數，彼則有未盡然者。

一、書中外洋地名大半照徐繼畬《瀛環志略》，凡是書所未著，或譯音與本國原音迥異者，竊爲譯正，以昭確實。

一、《瀛環志略》所譯地名與前泰西傳天主教士利瑪竇、艾儒略、南懷仁所書地名多不吻合。蓋一系英文、一系辣丁，不能渾而相同也。是書取此舍彼，並非厭舊喜新，實以徐君所書地名刻下相沿傳誦，在人口吻間耳。

一、徼外諸國中國史書所載歷朝稱謂，迭更亂若棼絲，苦難強記。茲取其頗有把握，不涉離奇者存之於篇，其餘概爲節略。

德仁按：《小方壺齋輿地叢鈔》中的龔柴著作

第1帙

龔柴《地球形勢說》一卷。

龔柴《地理形勢考》一卷，其實是《五洲圖考・地理形勢釋名》或《亞細亞圖考・地理形勢釋名》。

龔柴《五洲方域考》一卷，其實是《五洲圖考・天下五洲方域題名》或《亞細亞圖考・天下五洲方域題名》。

第10帙

龔柴《緬甸考略》一卷，其實是《五洲圖考・緬甸考略》或《亞細亞圖考・緬甸考略》。

龔柴《越南考略》一卷，其實是《五洲圖考・越南考略》或《亞細亞圖考・越南考略》。

龔柴《中國方域考》一卷，其實是《五洲圖考・中國方域考》或《亞細亞圖考・中國方域總考》。

龔柴《中國形勢考略》一卷，其實是《五洲圖考・中國形勢考》或《亞細亞圖考・中國形勢考略》。

龔柴《中國歷代都邑考》一卷，其實是《五洲圖考・中國歷代都邑考》或《亞細亞圖考・中國歷代都邑考》。

龔柴《中國物產考略》一卷，其實是《五洲圖考‧中國物產考》或《亞細亞圖考‧中國十八省物產記略》的簡寫。

3.《海國圖志續集》二十五卷，首一卷（1895）

（英）麥高爾撰，（美）林樂知、（清）瞿昂來譯。復旦大學藏慎記書局石印本，與魏源《海國圖志》100 卷一起共 16 冊；國家圖書館藏清光緒 21 年（乙未 1895）上海書局石印本 2 冊。

4.《政治地理》（1905）

（日）野村浩一等編著，劉鴻鈞編譯。（東京）湖北法政編輯社 1905 年版。

5.《六大洲輿地最新說略》四卷（1902）

上海圖書館藏清光緒二十八年（1902）（上海）經世文社石印本一冊。

（清）王輔廷譯。全書分四卷，先是總述世界自然地理常識，如經線、緯線、四帶、五道等，然後各洲地理大勢，接著在各洲大勢之下分述各國家或地區的地理情況。具體的細目包括：卷一，原始、形勢、運動、圍徑、定向、圖式、緯線、經線、四帶、五道、度數、熱道、溫道、寒道、疆界、陸地、鹹水、淡水、國度、城邑、世人族類、世人等次、世人事業、言語、文字、政事、教門、地球大勢、**亞細亞大勢**、大清國大勢、滿洲、直隸、山東、山西、河南、江蘇、安徽、浙江、福建、廣東、廣西；卷二，雲南、貴州、湖北、湖南、陝西、甘肅、四川、蒙古、伊犁、青海、西藏、高麗、日本、琉球、臺灣、西比利亞、西域、卓支亞、亞洲之土耳其、猶太國、亞拉伯、波斯、阿弗千；卷三，備魯支、印度、緬甸、暹羅、安南、麻喇甲、德意志、稅資、奧斯馬加、魯馬尼亞、梭斐亞、波勒嘎利亞、**歐羅巴大勢**、俄羅斯、歐洲之土耳基、希利尼、意大利、日斯巴尼亞、葡萄牙、法郎西、英國、丹國、瑞典哪威、和蘭、比利時。門德內革羅、**亞非利加大勢**、伊及、阿比辛伊亞、梭茅利、桑革巴、摩散比革、革伯哥羅尼、嘎弗雷利亞、那達勒、蘇魯、俄蘭支、特蘭斯法勒、基尼、來比利亞、些拉雷俄內；卷四，些拉雷俄內、森伊干比亞、蘇旦、撒哈拉沙漠、巴巴釐、中亞非利加、瑪達嘎斯嘎、**北亞美利加大勢**、革林蘭、伊斯蘭、干阿達、牛芬德蘭、美國、美希哥、中亞美利加、巴釐斯、巴那瑪土腰、西印度群島、**南亞美利加大勢**、哥倫比亞、分額兌拉、基阿那、巴西、哀瓜多、秘魯、波利斐亞、巴拉圭、烏魯圭、支利、阿根第那、巴達哥尼亞、**俄西亞尼嘎**、瑪雷西亞、奧斯達拉西亞、波利

尼西亞、北極南極。全書採用問答式，如卷一《原始》：「何六世界？曰有六大洲，一曰亞細亞洲；二曰歐羅巴洲；三曰亞非利加洲；四曰北亞美利加洲；五曰南亞美利加洲，六曰各海島合成一大洲。」再如卷二《日本國》：「日本國在何處？曰在高麗之東，中有日本海隔開；日本國有何名？曰一名東洋國，因在太平洋平太洋；又名大東洋，古名韓中倭，因地臨三韓也。……」

《序》曰：

> 「僕少貧，無讀書資，屢困場屋。壯歲捨而作海外遊者二十年，今夏遊倦歸來，值國朝政變科舉策問，中朝古今政治與（夫？）海外輿地、宗教諸事，尤非富有書籍者亦能道其隻字。科名一途，寒士無復希冀，竊願稍彌（重？）撼，精衛區區何補滄海，所？廿年壯遊，凡足跡所到處，其山川、邦國、形勢、風土、政變、人情、文明、武備、物產，一一分志成冊。文字雖淺陋，而於無力廣購海外新書者，得此不無小補，乃將舊稿分編四卷，顏其？首曰：《六大洲輿地最新說略》。倉卒抄付縮印，闈前出書，？（廉？）其值，俾今歲觀光者力，皆能置一部。庶幾考論環球，不至望洋興歎。僕雖置身事外，捫心稍覺坦然，然至於中朝古今政治，則非僕所能知。苦海茫茫，必有同志者廣造梁筏也。抄印既成，謹述其初心如此。壬寅孟秋海上倦遊客偶識。」

6.《世界地理志》（1902）

（日）中村五六編撰、頓野廣太郎修補，（日）通田寶熙譯。

上海金粟齋譯書社光緒二十八年（1902）五月鉛印本。全書除部首外，分甲、乙、丙、丁、戊、己六部，每部下分若干總目，總目下還有子目。部首分為地理學總論、**數理地理學**（包括一、地球形狀，二、方位，三、地球自轉，四、地球公轉，五、五帶，六、經度及緯度）、**自然地理學**（包括一、陸及水，二、陸之區別，三、地面之改變，四、水之區別，五、海水之運動，六、大氣，七、風，八、雨，九、氣候，十、植物，十一、動物，十二、人類及人種，十三、礦物）、**政治地理學**（包括一、各國民之生業，二、文明之等級，三、宗教，四、政體）四部分。部甲為亞細亞洲，分為總論、**中國**（包括中國本部、滿洲、蒙古、西藏、天山北路、東土耳其斯坦）、日本、朝鮮、**亞洲俄羅斯**（包括西比利亞、西土耳其斯坦、脫蘭斯高加索）、**印度支那**（包括安南、法屬交趾、暹羅、下緬甸、上緬甸、麻剌甲、英屬海峽殖民地）印度（包括英屬諸州、英保護諸州、獨立諸州）、阿富汗、俾路芝、波斯、阿拉伯、亞細亞土耳其 12 目。部乙

為歐羅巴洲，分為總論、大比利敦愛爾蘭合王國（包括英倫及威爾士、蘇格蘭、愛爾蘭、屬地）、法蘭西、西班牙、葡萄牙、意大利、希臘、歐羅巴土耳其（附布加利亞侯國）、羅馬尼亞、塞爾維亞、門的內哥、奧地利匈牙利、瑞士、日爾曼帝國（包括普魯士王國、巴瓦利阿王國、華添堡王國、諸小部並自由都府、帝領）、比利時、荷蘭、丹麥、那威及瑞典、歐羅巴俄羅斯等 19 目。部丙為亞非利加洲，分為總論、埃及、阿比西尼亞、北海岸諸國、摩洛哥國、阿爾及耳國、突尼斯國、的黎波里國、撒哈拉地方、塞內甘比亞上幾內亞及蘇丹地方（包括里卑利亞國、諸外國屬地、獨立諸州）、下幾內亞地方、南部地方（包括炭樸哥羅尼、那達兒、蘇魯蘭、奧凌治自由國、特郎斯福爾共和國、卡拉哈利沙漠、達馬拉及那馬瓜國）、東海岸地方（包括索麻利地方、桑吉巴國、莫三鼻給）、中部地方（孔戈自由國）、所屬島嶼（包括馬達加斯加爾、瑪斯卡林群島、聖厄勒那及阿松旬兩島、開潑浮突諸島、加拿列諸島、馬代拉諸島、阿蘇阿斯諸島）11 目。部丁為北亞美利加洲，分為總論、格林蘭、英屬加拿大（附紐芳蘭）、北美合眾國（包括阿拉斯喀、新英倫諸州、大西洋岸中部諸州、南部諸州、中央諸州、中央北部諸州、落機山州、太平洋諸州、地方、區）、墨西哥、中央共和諸國（包括瓜地馬剌、閫都拉斯、桑薩爾瓦多爾、尼加拉瓜、哥斯達立嘎、英屬閫都拉斯）、西印度群島（包括巴哈麻諸島、古巴波爾多黎各海地牙買加、小安的列斯諸島）7 目。部戊為南亞美利加洲，分為總論、可侖比亞共和國、委內瑞拉共和國、英屬古亞那、荷屬古亞那、法屬古亞那、巴西共和國、厄瓜多爾共和國、秘魯共和國、巴拉圭共和國、烏拉圭共和國、阿眞提尼共和國、智利共和國、福克蘭諸島 15 目。部己為阿塞亞尼亞洲分為總論、澳大利亞（包括維多利亞、新南威爾士、坤士蘭、南澳大利亞、西澳大利亞、他斯馬尼亞）、馬來西亞（包括斐利濱群島巴布亞、巽他群島）、紐西蘭、波里尼西亞（包括索羅蒙群島、新希勃力第士、新克里多尼亞、斐濟群島、弗連德利群島、索摩安群島、蘇賽第群島、拉得隆群島、嘉羅連群島、馬爾格雷夫群島、散得維支群島）5 目。本書對各個國家或地區的方位所在、自然地理、政區沿革、人口、風俗等都有記述，確實是一部內容詳備、品質上乘的世界地理著作。

7.《萬國地理志》（萬國通志第六編，1902）

（日）中村五六編撰，（日）頓野廣太郎修訂，周起鳳譯述。

上海廣智書局光緒二十八年（1902）鉛印本。

本書採用編、章、節結構。全書分為七編，每編之下又分若干章節。第一編地理學，下分三章：第一章數理地理學（包括六節：第一節地球之形狀及大小，

第二節方位，第三節地球之自轉，第四節地球之公轉，第五節五帶，第六節經度及緯度）、第二章自然地理學（包括十三節：第一節水陸，第二節陸之區別，第三節地面之變動，第四節水之區別，第五節海水之運動，第六節大氣，第七節風，第八節雨，第九節氣候，第十節植物，第十一節動物，第十二節人類及人種，第十三節礦物）、第三章政治地理學（包括四節：第一節國民之生業，第二節文明之等級，第三節宗教，第四節政體）。第二編亞細亞洲，分為十二章。第一章總論、第二章中國（包括中國本部、滿洲、蒙古、西藏、天山北路、東土耳其斯坦六部分）、第三章日本、第四章朝鮮、第五章亞細亞部俄羅斯（包括西比利亞、中央亞細亞、高加西亞三部分）、第六章印度支那（包括安南、法領交趾支那、柬蒲寨、暹羅、上緬甸、下緬甸、麻刺加、英領海峽殖民地八部分）、第七章印度（包括英領諸州、英領諸屬州、獨立諸州三部分）、第八章阿富汗、第九章俾路芝、第十章波斯、第十一章阿拉伯、第十二章亞細亞土耳其。第三編歐羅巴洲分為十九章。第一章總論、第二章大貌列顛愛爾蘭合王國（包括英倫及威爾士、蘇格蘭、愛蘭、合王國四部分）、第三章法蘭西、第四章西班牙、第五章葡萄牙、第六章意大利、第七章希臘、第八章土耳其（附布加利牙侯國）、第九章羅馬尼亞、第十章塞爾維、第十一章門的內哥、第十二章奧地利匈牙利、第十三章瑞西、第十四章日爾曼（包括普魯士王國、巴威里王國、烏爾丁堡王國、薩遜王國、諸小邦並自由都府、帝領六部分）、第十五章比利時、第十六章荷蘭、第十七章丹麥、第十八章瑞西那威、第十九章俄羅斯。第四編為亞非利加洲，分為十一章。第一章總論、第二章埃及、第三章亞培息尼、第四章北海岸諸國、第五章撒哈拉、第六章聖納豁培亞上其尼亞及蘇丹地方、第七章下其尼亞地方、第八章南部地方、第九章東海岸地方、第十章中部地方、第十一章所屬島嶼。第五編為北亞美利加洲，分為七章。第一章總論、第二章綠島、第三章英領加奈多（附新分倫島）、第四章合眾國、第五章墨西哥、第六章中央共和諸國、第七章西印度群島。第六編為南亞美利加洲，分為十五章：第一章總論、第二章哥倫比亞、第三章維尼助拉、第四章英領扼亞奈、第五章荷蘭領扼亞奈、第六章法領扼亞奈、第七章勃來如爾共和國、第八章伊扣獨亞共和國、第九章秘魯、第十章薄里維亞共和國、第十一章拍來求亞共和國、第十二章烏羅求哀共和國、第十三章亞健呑共和國、第十四章智利共和國、第十五章拂克倫諸島。第七編為澳西尼亞洲，分為五章：第一章總論、第二章澳大利亞、第三章馬來西亞、第四章紐裁倫島（即紐西蘭士）、第五章濮來尼亞。綜觀全書，實際此書與上面的《世界地理志》基本相同，是同一作者所著而不同譯者的不同譯本。只是因為譯者不同，而使得譯名以及全書體例有所不同，但內容上基本大同

小異。《世界地理志》比之本書要詳細，而本書則比之更爲簡要明晰。《萬國地理志》採用編章節體結構，應該是譯者翻譯此書作爲教材而用的。

8.《改正世界地理學》（1903）

（日）矢津昌永著，吳啓孫編譯。

上海文明書局光緒二十九年（1903）鉛印本。卷首有吳啓孫父親吳汝淪的序、賀松坡的來信節錄和吳啓孫自撰之譯述緣起。卷末有吳啓孫《改正世界地理學後序》。光緒三十一年經作者重加修訂，並補寫了《改正世界地理學例言》，由文明書局再版，編譯者署名爲吳闓生。全書分爲六卷，其目次如下：卷首，通論；卷一，亞細亞洲，中國、日本、朝鮮、俄領西伯利亞、俄領中亞細亞、俄領高加索、亞細亞土耳其、阿喇伯、阿富汗斯坦及皮路芝斯坦、印度、暹羅、佛領亞細亞、英領馬來半島、馬來群島、和蘭領諸島、美領非律賓群島；卷二，大洋洲，澳洲大陸、澳洲沿岸、頗勒西亞。密可？西亞；卷三，歐羅巴洲，俄羅斯、瑞典及那威、丹麥、德意志、奧地利匈牙利、瑞士、法蘭西、比利時、盧森不爾厄大公國、和蘭、英吉利、西班牙、安道耳、葡萄牙、伊大利、三馬利諾、摩洛哥、希臘、巴爾幹半島諸國、土耳其；卷四阿非利加洲，埃及、尼羅河諸地、別爾別利亞諸地、蘇丹、孔戈自由國；卷五北亞美利加洲，英領亞美利加、合眾國、墨西哥、中央亞美利加、西印度群島；卷六，南亞美利加洲，哥倫比亞、委內瑞拉、圭亞 nu？巴西、厄瓜多、秘魯、玻利非亞、巴拉乖、烏爾乖、阿根廷、智利、附錄。

《改正世界地理學緣起》：「啓孫前爲日本人矢津昌永譯其所著世界地理學，刻之東京市廛，一時同學之士，頗垂謬讚，顧當時初學譯書，命意遣詞務與元文吻合。於彼我之間抑揚不無稍過，且所記日本事太繁，頗傷蕪雜，至於地域名稱但取和音，亦多失實。而刻者改易體裁段段分裂。後序亦棄去不載。實疵累不完之本也。刻成逾月，適同人於上海開文明書局乃刪綴元刻整齊首尾，精心釐訂，別爲一編。」

9.《地理學講義》（中合印書公司1912～1949鉛印本）

復旦大學圖書館藏，封面題爲《中等地理講義》。

10.《續瀛環志略初編》（1902）

薛福成鑒定。蘇州大學藏光緒二十八年（1902）無錫傳經樓鉛印本四冊不分卷。

　　薛福成（1838～1894）清江蘇無錫人，字叔耘，一字庸庵。同治六年江南鄉試副貢生。參曾國藩、李鴻章幕府。官至湖南按察使。曾上《治平六策》、《海防十議》。旋任出使英、法、意、比四國大臣。在外留心考察，力爭創設南洋各島領事，以保商爲急務。好爲古文辭，對遺聞軼事及海外狀況，尤多論列。有《庸庵文編》、《庸庵筆記》、《出使英法義比日記》等。（《碑傳集補》卷13，《清史列傳》卷 58）

　　據《續瀛環志略初編·例言》，作者編輯《續瀛環志略》的原意是按照《瀛環志略》的體例，首亞洲、次歐洲、次非洲、次美洲、次澳洲，然此書僅僅是亞細亞洲志，因此名爲《續瀛環志略初編》。而且書中越南、緬甸、暹羅的記載較爲詳細，其他稍遜。本書分爲《日本國志》（瞿昂來譯，分總說、形勢、名稱、史事、庫拉爾群島、暇夷島、杭度島、四國島、九州、大江、氣候、火山、富士山、吥淮湖、風俗、官制、文學、工藝、農事、商務、植物、動物、礦產等 23 部分）、《中國印度圖說》（世增等譯，分疆域、幅員、山川形勢、江河源流、海濱、水土氣候、礦產、居民、禾嫁工藝商務、裏數民數略表、遊歷雜記等 11 部分）、《暹羅志》（世增等譯）、《老撾》（薛福成譯）、《江洪、孟連、景東匯譯》（世增譯、張美翊述）、《越南國志譯略》（世增譯，顧錫爵述）、《越南三圻考》（慶常譯，分北圻、中圻、南圻）、《柬埔寨》（薛福成譯）、《柬埔寨考》（慶常譯）、《緬甸國志》（世增譯，陳星庚述）、《緬甸國志·緬甸諸城考》（世增譯、陳星庚述）、《撣人地志》（世增譯，陳星庚述，附野人山地志）、《印度史》（瞿昂來譯，分疆域、史事、政治、民種、商務、工藝、大江、礦產、植物、動物、氣候、印度分省表、英屬土邦、自主土邦、法國屬邑、葡萄牙屬埠、錫蘭島、襪爾迭胡群島、尼可排群島、辣開迭胡群島等目，附鴉片說略、鐵路考）、《波斯國志》（世增譯，顧錫爵述，其中有《中西合璧文表》）、《阿富汗國志》（世增譯、顧錫爵述）、《俾路芝國志》（世增譯，顧錫爵述，其中有《中西合璧文表》）、《阿拉伯國志》（世增譯，顧錫爵述，其中有《中西合璧文表》）、《西域回部志》（世增譯，顧錫爵述，其中有《中西合璧地名表》）、《帕米爾考》（世增譯，張翊三述，其中有《中西合璧地名表》，下分《帕米爾》，譯自英人愛吳錫匹敵《地理新志》；《喀什米爾》，譯自英人喬恩斯登《地理志》；《帕米爾》，譯自法文《地志》；《轄爾耝斯丹》；《棍雜》；《那夏爾》；《塞勒庫爾》；《印寫喀楚特圖說》）。卷首還有《中西變時表》。

卷首《例言》

　　一、《續瀛環志略》依前志原例，宜首亞洲，次歐洲，次非洲，次美洲，次澳洲，今先出亞細亞洲志，故名曰初編。

　　一、亞細亞洲除朝鮮、琉球姑闕俟補外，茲編所載曰日本、曰暹羅、曰緬甸、曰越南、曰柬埔寨、曰老撾、曰撣人、曰印度、曰西域回部、曰波斯、曰阿富汗、曰俾路芝、曰阿剌伯。

　　一、《續瀛環志略初編》越、緬甸較詳，其餘稍略，且文筆不同，體例各異。蓋譯述非出一人，未經先公編定，今悉仍之，而分著諸君姓氏於下，閱者當自得焉。

　　一、原稿均附地圖，於各國郡邑、山川、海口、要地雖細如毫髮而朗若列眉，誠至寶也。茲先摹繪數紙餘容續印。

　　一、洋文還音本無定字，何有意義？無論數人譯字無一同者，即一人所譯亦且前後互異，今於地名、人名必附洋文於旁，或別為中西合璧文字表於後，藉資印證。

　　一、越、緬甸諸國皆與滇桂沿邊接壤，先公辦理界務頗注意於此，往往採取私家記載，旁及遊歷諸書，譯其大意，今於卷末附錄一二，以備參考。

　　一、五洲各志陸續付印，俟全書告竣再為編次，其有缺略訛誤之處請大雅君子匡正而補輯焉。光緒壬寅冬月薛瑩中謹識。

11.《萬國地理統紀》一卷（1902）

（日）若原撰，（清元和）馬汝賢、（清吳縣）顧培基輯譯。

上海圖書館藏清光緒二十八年（1902）蘇州勵學譯社鉛印本。卷首有光緒辛丑十月楊學斌序，下分為太陽系統、地球之廣袤、水陸之分劃、大洋之面積深度、大洋之支派、大陸之位置、大陸之境界、列國位置、列國境界、列國之面積人口、著名島嶼、著名半島、著名地角、著名地峽、著名高山、著名大河、著名大湖、著名都府之人口、各國大都離倫敦之程度、人種、宗教、政體、溫度、軍備、交通運輸、物產等目。

12.《全地五大洲女俗通考》二十一卷，首一卷（1903）

（美）林樂知輯，（清）任保羅譯述，全書書分 10 集 21 卷，卷首 1 卷。上海圖書館藏光緒二十九年（1903）上海廣學會編行、華美書局鉛印本 21 冊（復旦大學藏版本同）。卷首包括古人論地球之形、地球真形略論、地形

圓、日、地爲行星、月、日月蝕、地球大小、地球旋轉、四時、經緯界限、溫寒熱五帶、二分二至、曆日、地球面、五洲、平圓地球圖、總論地球面人民教化、全地五大洲女俗通考全部十集總目錄、范子美先生書後。第一集 2 卷，斐洲及各處未開化人女俗考；第二集 3 卷，東亞舊教諸國人女俗考；第三集 2 卷，西亞並埃及回教諸國女俗考；第四集 2 卷，西亞基督教猶太國女俗考；第五集 2 卷，南歐希臘羅馬舊教人女俗考；第六集 3 卷，北歐諸族及各新國女俗考；第七集 2 卷，歐洲各國長進女俗考；第八集 1 卷，歐洲家規女俗考；第九集 2 卷，美國及美洲諸國女俗考；第十集 2 卷，中國與各國比較女俗考。林樂知說，「本書爲提拔女人，振興女人而作，故以《全地五大洲女俗通考》命名」(《例言》)，「論本書之內容，實可稱爲萬國古今教化之論橫。大概分教化爲三等，最下者爲未教化人，其次爲有教化人，最上則爲文明教化人。書中之先後次序，亦然即準此。」而「全書之宗旨，可用兩言以蔽之。一曰觀教化者，以女人爲定格。一曰凡國不先講女人釋放提拔而教養之以成其材，決不能有振興之盼望。至論本書之做法，亦有二端可以包括之。一曰凡事必求其眞……；一曰凡事必求其源。」(林樂知《自序》)范褘在跋文中盛讚林樂知著此書的兩個宗旨，乃是「該括古今萬國盛衰興亡之源，而於最近世之中國則尤爲確切。讀是書者誠能憬然於五千年來，中國寖弱之所以然，又憬然於五千年來各國以教化之不同，而結果因之以異。」卷首尚有林樂知小像、林樂知自序、龔心銘序、任保羅序、《例言》及范褘（子美）跋（即《全地五大洲女俗通考書後》）。而且，書中附圖 1400 餘幅，皆是林樂知先生從各處得來，「或由舊存，或由新購，或由友人贈送，有新者，有舊者，有木刻，有銅鐫，又有電氣新法，描摹盡致，面目如生，有縮印之畫……」(林樂知《自序》)，目的是使「讀是書者可以披圖印證，……亦可按圖索驥。」(《例言》)可見，作者在撰著此書時是下了一番工夫的。

13.《外國地志》(1875～1908 年刊本)

直隸學校司編譯處編，國家圖書館藏清光緒間（1875～1908）天津官報局鉛印本 1 冊。

14.《世界地理問答》無卷數 (1903)

日本富山房編撰，范迪吉等譯。光緒二十九年（1903）上海會文學社《普通百科全書》本。

15.《萬國新地理》無卷數（1903）

（日）佐藤傳藏編，范迪吉等譯。光緒二十九年（1903）上海會文學社1903 年《普通百科全書》本。

16.《中學地理外國志》二卷（1903）

（日）矢津昌永、角田政治著，劉邦驥譯。漢川劉氏光緒二十九年（1903）刊本。

17.《新撰萬國地理》五卷（1904？）

（日）山上萬次郎、濱田俊三郎合編，林子芹、林子恕合譯。光緒二十九年（1903）開明公社排印本。

18.《最近統合外國地理》二卷（1907）

（日）山上萬次郎撰，谷鍾秀譯編。光緒三十三年（1907）北京河北譯書局本。

19.《萬國地志》三卷（1903）

（日）矢津昌永撰，樊炳清譯。上海圖書館藏清光緒 29 年（1903）成都志古堂刻本三冊。

20.《改正世界地理學》六卷（1903）

（日）矢津昌永，吳啓孫編譯。上海文明書局 1903 年版二冊。

21.《地理學》一卷（1904）

（日）矢津昌永講述，朱杞編譯。「速成師範講義叢錄」1904 年版。

23.《世界諸國名義考》一卷

（日）秋鹿見二撰，（番禺）沈誦清譯。南京圖書館藏清光緒二十九年（1903）鉛印本一冊

24.（日）守屋荒美雄：《國際地理學》一卷

閩學會叢書本。

25.《萬國地理志》一卷

（日）中村五六、頓野廣太郎（清番禺）周其鳳譯。

上海圖書館藏清光緒 28 年（1902）上海廣智書局鉛印本（萬國通志第六編）一冊。上海圖書館藏宣統三年上海廣智書局排印本。

26.《地理教授法》不分卷

（日）齊藤鹿三郎撰。東大陸譯書局精裝本。

27.《萬國總說》三卷

（英）雷陝兒撰。南京圖書館藏清光緒十年（1884）刻本三冊。

28.《萬國輿圖》不分卷

英國原圖、陳兆相譯。上海同文書局石印本。

29.《萬國新地志》無卷數

（英）雷文斯頓撰、何玉傑譯。通社叢書本。

30.《八星之一總論》一卷

（英）李提摩太撰，蔡爾康筆述。南京圖書館藏清光緒二十五年（1899）
鉛印本一冊

31.《五洲各大國志要》（一名《三十一國志要》，即《天下五洲各大
　　國志要》）

（英）李提摩太（Richard，T.）撰，鑄鐵生（蔡爾康號）述。
國家圖書館藏清末木活字本 1 冊，附五洲各國統屬全圖 1 幅。
又：國家圖書館藏清光緒 23 年上海廣學會鉛印本本 1 冊。

32.《地理志略》一卷

（美）戴德江撰，謝子榮、丁輯五合校。光緒 28 年福音印刷合資社再版
精裝本一冊。

33.（英）慕維廉（Muirhead，W.）:《地理全志》，上編 5 卷，下編
　　10 卷

（1）上海圖書館藏清光緒間鉛印本《地理全志》上編。
　　　上海圖書館藏一八五四年上海墨海書館刻本《地理全志》下編。
（2）國家圖書館藏日本安政 6 年（清咸豐 9 年，1859）三都書林刻本 10
冊，爽快樓藏版。

又：（英）慕維廉纂:《地理全志》一卷
國家圖書館藏封面題《續瀛環志略》。
南京圖書館藏清嘉慶十三年刻本。
蘇州大學藏光緒九年鉛印本一冊。

34.《海國圖志》100 卷，《續集》25 卷

魏源撰、（英）麥高爾撰，（美）林樂知、（清寶山）瞿昂來譯。

南京圖書館藏《海國圖志》及《續集》清光緒六年（1880）刻本 24 冊。

又：南京圖書館藏《海國圖志續集》清光緒二十四年（1898）刻本 2 冊。

35.《萬國通鑒》四卷，附地圖

（美）謝衛樓著，趙如光述。上海圖書館館藏清光緒八年（1882）刻本六冊；通行本 6 冊，坊間石印改《萬國史論》。

36.《萬國綱鑒易知錄》二十卷

（日）岡本監輔撰。上海圖書館藏清光緒二十七年（1901）上海書局石印本六冊。

37.《萬國高抬貴手》三十卷

（日）石川利之撰。上海圖書館藏日本明治十六年（1927）刻本一冊（合訂）

38.《五大洲坤輿方圖》一張

（日）木村信鄉繪製。上海圖書館藏清光緒十年（1884）石印本。

39.《五大洲志》三卷

（日）辻武熊撰。上海圖書館藏日本明治三十五年（1902）東京泰東同文局鉛印本三冊。

40.《地球之過去及未來》一卷

（日）橫山又次郎撰，（清鶴山）馮霈譯。上海圖書館藏清光緒二十八年（1902）廣智書局鉛印本一冊。

41.《地球與彗星之衝突》一卷

（日）橫山又次郎編，廣智書局譯。上海圖書館藏清光緒二十九年（1903）廣智書局鉛印本一冊。

42.《瀛環志略續集》四卷，末一卷，續補一卷

（英）慕維廉輯，（清海昌）陳陝君訂。本書即《地理全志》，版心題《萬國地理志要》，蘇州大學藏光緒九年鉛印本一冊。

43.《（新編）世界地理》二卷

作新譯書局編譯。全書分三部分二十九章，上海作新社 1902 年版。

44.《六大洲輿地最新說略》四卷

（清）王輔廷譯。上海圖書館藏清光緒 28 年（1902）石印本。

45.《漢譯世界大地圖》

（日）吉田晉編。上海圖書館藏日本明治三十八年（1905）東京松邑三松堂石印本六版一張。

46.《繪地法原》一卷，表一卷，圖一卷

（英）佚名撰，（美）金楷理口譯，（清懷遠）王德均筆述。上海圖書館藏清光緒間江南製造局刻本一冊。

47.《中等地理學舉隅》一卷

（日）中村五六撰，浙江官書局譯。上海圖書館藏清光緒間浙江官書局刻本一冊。

48.《改正世界地理學》六卷，首一卷

吳闓生編譯。上海圖書館藏清光緒三十一年（1905）上海文明書局鉛印本再版二冊。

49.《改正世界地理學》六卷，首一卷

吳啓孫編譯。上海圖書館藏清光緒二十九年（1903）上海文明書局鉛印本二冊。

50.《地理略說》不分卷（缺淺說）

（美）戴集撰。上海圖書館藏清光緒二十二年（1896）石印本一冊。

51.《地理學說》

（美）戴集撰。復旦大學藏清光緒二十四年（1898）上海美華書館排印本一冊。

52.《最新地文圖志》

（英）岐冀撰，葉青譯。上海圖書館藏清光緒三十二年（1906）上海山西大學堂譯書院鉛印本一冊。

53.《論指南針之偏東於東西而不合於南北之正向及測車論晷法》一卷

（清）佚名撰。上海圖書館藏抄本一冊。

54.《中外方輿地圖》

（日）岸田吟香著，譯者佚名。廣智書局 1901 年初版。

55.《坤輿全圖》

（日）岸田吟香著，譯者佚名。廣智書局 1901 年初版。

56.《地理學講義》

（日）志賀重昂撰著，（清）薩端譯。上海金粟齋光緒二十七年（1901）鉛印初刊本。

中國人民大學圖書館古籍庫藏清光緒二十九年〔1903〕刊本。封面鐫「癸卯（光緒二十九年）正月金粟齋第三版印行」，版心下鐫「金粟齋印行」；有版權頁，題「金粟齋譯書社」。

【日】中村五六著《日本地理志》卷末所載金粟齋所刊《地理學講義》的廣告曰：「是書區數理、自然、政治地理學三大綱，其中指引羅列發明、人與地之關係最爲切摯示人，講求之條理尤爲明白簡易，學者不可不急寓目焉。蓋人之尊於動物，別於礦、植二物者，賴有不羈之能力，不爲山川風土所囿耳。若不知地爲何物，舉目四顧無非障礙，坐井觀天乃生癡闇。莊生日：目徹爲明耳。徹爲聰明耶？聰耶必假途於地學。」（載【日】中村五六著《日本地理志》卷末，金粟齋 1901 年鉛印本）

57.《世界大地圖》

（英）詹森撰。廣智書局 1901 年初版。

58.《外國地理問答》

盧藉剛編譯。廣智書局 1902 年初版。

59.《萬國商業地理志》

（英）嘉楂德氏著，廣智書局譯。國家圖書館藏清光緒 28 年（1902）廣智書局鉛印本 1 冊。

60.《地質學簡易教科書》

（日）橫山又次郎著，虞和欽、虞和寅譯。廣智書局 1902 年初版。

61.《地球說略》

（美）禕理哲（Way，R.）撰。國家圖書館藏清末鉛印本 1 冊。

62.《萬國地理問答》

（日）理堂散史撰，施景崧譯。國家圖書館藏清光緒 30 年（1904）福州印刷公司福州鉛印本 1 冊。

63.《地球典要》十三卷

（朝）崔漢綺撰。國家圖書館藏朝鮮抄本 7 冊。

64.《萬國地理志：萬國通志第六編》

（日）中村五六編（日）頓野廣太郎修訂；周起鳳譯。國家圖書館藏清光緒 28 年（壬寅 1902）廣智書局上海鉛印本 1 冊。

65.《士民必知》二卷

（英）紇法撰；（朝）白南奎，（朝）李明翔譯；（朝）金澤榮編。國家圖書館藏朝鮮李太王 32 年（清光緒 21 年 1895）木活字本 2 冊。

66.《改正世界專類地志》六卷，卷首 1 卷

（日）矢津昌永撰；吳啓孫譯。國家圖書館藏清光緒 29 年（1903）文明書局上海鉛印本 2 冊。

67.《輿載撮要》

（朝）佚名撰。國家圖書館藏朝鮮刻本 1 冊，有圖。

68.《續瀛環志略初編》

世增譯，顧錫爵述。國家圖書館藏清末石印本 1 冊。

69.《地理志略》不分卷

學部編譯圖書局編纂。復旦大學圖書館藏光緒三十四年（1908）武昌刊本二冊。

70.《地理人文關係論》不分卷

復旦大學圖書館藏光緒三十二年（1906）江楚編譯局石印本一冊。

71.《輿地學課程》不分卷

姚炳奎述。復旦大學圖書館藏光緒二十九（1903）年經心書院刊本八冊。

72.《輿圖總論注釋》二卷

謝蘭生輯注。復旦大學圖書館藏武進謝氏刊本一冊。

73.《世界地理志》不分卷

（日）中村五六編（日）頓野廣太郎補，（日）樋田保熙譯。
上海圖書館藏清光緒二十八年（1902）上海金粟齋譯書社鉛印本三冊。

74.《坤輿撮要問答》四卷

孫文楨譯。南京圖書館藏清光緒二十四年（1898）鉛印本一冊。

75.《海國大政記》十二卷

（英）麥丁富得力編纂，（美）林樂知口譯，（清海鹽）鄭昌棪筆述。上
海圖書館藏清光緒二十三年（1897）石印本十二冊。

76.《列國地說》二卷

（美）衛羅譯著，（清）金向敷述錄。上海圖書館館藏清光緒二十七年
（1901）鉛印本二冊。扉頁題：小狄輥館時務叢抄

77.《新譯列國歲計政要》

（日）佚名撰，（民國寧鄉）傅運森譯。上海圖書館藏清光緒二十七年
（1901）海上譯社鉛印本十二冊。

78.《中等地理教本》

（英）漢勃森著，任延旭、范禕譯。廣智書局 1907 年初版

79.《最新中學教科書地質學》

（美）賴康忒著，包光鏞等譯。1904 年初刊本。

80.《新釋地理備考全書》10 卷（封面題《外國地理備考》）

（葡）瑪姬士（Martins，M.J.）輯譯。國家圖書館藏清道光 27 年（1847）
刻本 6 冊。

81.《環瀛志險》一卷

（奧）愛孫孟撰，商務印書館編譯。上海圖書館藏清光緒 32 年（1906）
商務印書館二版鉛印本一冊。

82.《外國地理講義》三卷

曹典球譯。蘇州大學藏光緒 33 年湖南思賢書局刻本二冊。

83.《地球說略》一卷

（美）褘理哲撰。《小方壺齋輿地叢鈔再補編》第 12 帙本。

84.《地理志略》一卷

（美）戴德江撰。《小方壺齋輿地叢鈔再補編》第 12 帙本。

85.（美）慕維廉撰：《地理全志》一卷

《小方壺齋輿地叢鈔再補編》第 12 帙本。

86.《三十一國志要》一卷

（美）李提摩太撰。《小方壺齋輿地叢鈔再補編》第 12 帙本。

87.《萬國旅行地理》無卷數

（日）山上萬次郎編。光緒 29 年上海會文學社初刊本。

二、亞　洲

（一）亞洲總論

88.《東亞各港口岸志》一卷

（日）參謀本部輯，廣智書局譯。

南京圖書館藏光緒 28 年上海廣智書局鉛印本。

89.《亞洲商業地理志》無卷數

（日）永野耕造編、劉世珩譯。

蘇州大學藏藏五洲礥石印本二冊。

90.《新撰亞細亞洲大地志》七章四冊

（日）山上萬次郎編，葉瀚譯。

復旦大學藏清光緒二十七年（1901）上海正記書局石印本 4 冊。

91.《（新編）東亞三國地志》二卷

（日）辻武雄撰。

復旦大學藏明治三十三年東京普及舍排印本二冊。

蘇州大學藏明治三十三年東京普及舍印本一冊（蘇州大學存卷上）

92.《亞細亞洲志》一卷，附《亞細亞洲新志》一卷

學部編譯圖書局輯。南京圖書館藏清光緒三十四年（1908）鉛印本一冊。

（二）朝　鮮

93.《朝鮮地理小志》不分卷

（朝鮮）青華山人撰，江景桂譯纂。復旦大學藏光緒十一年（1885）鉛印本一冊。卷末有江景桂《跋》，曰：

> 朝鮮，《禹貢》青州逾海之地，舜割爲營州，周封箕子，本中國地也。遠者無論已。我太宗文皇帝親征其國，亡而復存迄今二百餘年，納貢稱臣，爲吾東藩。康熙時，國中大饑，則海運漕糧以賑之；國中有賊，則頒有功將士萬金以犒之。我朝待之實同內服，非他屬國所可及也。其國南北二千里，分爲八道，統郡四十有一，府三十有三，州三十有八，縣七十，北據遼南，東西三面距海。雖《大清一統志》及「皇朝三通」備載其疆域地理，然卷帙甚巨，藏之官中，民間未能得見。予久思專輯《朝鮮國志》一書而未果也。壬午冬，隨使節來日本，得近藤眞鋤所譯《朝鮮八域志》，云是青華山人原本。青華山人者，朝鮮人，姓李，一號清江，有《清江漫錄》、《清江詩話》等書。此編本漢文，未經付刊。近藤君譯以倭文，聱牙詰曲，不復能讀。詢其原本，則因去年六月之變，已毀於兵燹矣。予公餘之暇，與朝鮮文大夫講求至當，芟其繁蕪，復譯爲漢文，就正於使節。將以餉海內留心時務之士云。光緒十年甲申冬十二月吉安江景桂謹識。

本書是江景桂根據日文版翻譯而成，所據版本是日本近藤眞鋤所譯朝鮮青華山人所著《朝鮮八域志》。全書不分卷，以八道爲綱，分爲八道形勢總論、京畿道、自仁川至京城記、喬桐記、平安道、咸鏡道、元山津記、江原道、黃海道、全羅道、鎮江記、慶尚道、釜山記、忠清道、牙山灣記等子目，分道敘述了朝鮮各道的地理沿革、方位道里、山川形勝和風土物產，間有夾註或考釋名物或補充說明，文字簡約，內容緊湊。

94.《朝鮮地理小志》一卷

（朝鮮）青華山人撰，（清）江景桂譯纂。復旦大學藏光緒 11 年（1885）鉛印本一冊。

95.《最新韓國商業地理》

（日）矢晉昌永著，李鳴謙譯。廣智書局 1907 年初版。

96.（韓）張志淵著：《大韓新地志》二卷

蘇州大學藏韓國光武十一年徽文館排印本二冊。

97.《朝鮮小記》一卷

（朝鮮）李韶九撰。載王錫祺輯《小方壺齋輿地叢鈔》第 10 帙。本書字數較少，十一個獨立的條目，記載了十三件事，包括初登科者服飾、漢代彭吳碑、紺嶽山絕頂石碑、打稻、元日曉山僧、柏、踏板、除夕誦呪放銃除鬼、元日夕燎髮庭中、迎新圖畫、軍雄神信仰等。

（三）越　南

105.《安南小志》二卷

姚文棟輯譯。復旦大學和上海圖書館藏清光緒 10 年（1884）鉛印本。該書分成上下兩卷，上卷記越南疆域、山水、氣候，下卷記越南的人口、風俗和物產。卷首有方濬益的序和姚文棟的小識。姚文棟《小識》曰：「曩欲考求安南地理，未有專書。徐松龕侍郎《瀛寰志略》謂澎湖蔡進士廷蘭嘗著《安南紀程》亦未得見也。比來日本聞陸軍省員引田利章久遊安南，欲就訪之，已而見所著《安南史》於東京地學協會中，因攜以歸，擇其尤要者爲之譯出，即是編也。日人習氣輕薄，風俗一門意存揶揄，未必盡確，其他當爲可信耳。友人森立之云：羽倉用九家藏元人黎崱《安南志略》十九卷爲黃蕘圃傳抄五硯樓舊本，他日須借觀之。壬午冬十二月上海姚文棟識。」

方濬益《安南小志敘》

　　光緒七年冬，姚君子梁隨使節至東瀛，其明年適有法蘭西與安南教哄之事，乃慨然於中國藩維之所繫，而當世學人愍有措意於南服之外者。於是博訪諸書，得日本人引田利章所撰《安南史》，見其紀述詳實，半出於親歷，顧期間羼雜日本文不可卒讀，乃與日本之明於漢學者共譯之，而剌取其疆域、山水、氣候、人口、風俗、物產區爲六門，成《小志》上下二卷。以余同事使府屬爲覆勘。余維安南，古之越裳，在秦漢爲象郡九眞日南之地，晉以後領於交州刺史，唐置安南都護府，宋時始度外視之，明初嘗一征取後復棄去。至我朝始合占城爲一，更名越南國，列在職方。二百年來朝貢惟謹，固非南洋諸島國荒忽無稽之倫也。倘由此志而益詳考其源流沿革、山川險易，爲之籌保障而固封疆，當不留心謀國者所必取資而屬國藩封得以禦外侮而無侵軼憑陵之患，其爲利不更大歟？君笑曰：有

是哉？勘既竟，爰為記之如此。光緒九年春二月定遠方濬益敘於日本東京使署。

98.《北城地輿志錄》三卷

復旦大學藏顯微膠片一卷，為北京圖書館在 1965 年據其所館藏越南抄本攝影而成。

99.《越南志》一卷

（西洋）闕名撰。《小方壺齋輿地叢鈔》第 10 帙本。

100.《安南史》

（日）引田利章撰，（清）毛乃庸譯。上海圖書館藏清光緒二十九年教育世界社石印本四冊。全書分為四卷七篇，還有一個附錄。第一卷包括第一、二、三篇，第一篇草昧時代，第二篇上古時代，第三篇諸王自立時代。第二卷包括第四、五篇，第四篇陳氏統御時代，第五篇明朝統御及黎氏統御時代。第三卷包括第六、七篇，第六篇黎氏及阮氏分立時代，第七篇阮氏統一時代。第四卷為附錄，下分人口、地理、氣候、國產、工商、學術技藝、宗教、風俗、政體、歷代諸王世系等目。

卷首有著者《原序》，曰：

「安南事，歐洲人曩所弗詳。其土民與本國沿革，亦不能辨憶。國中記載甚鮮，僅有《年代記》之類，又晦澀錯雜，不甚明瞭。今據《年代記》及歐人所著二三小志，如法教士某之《雜志》，怕爾告阿之《暹羅志》，奧巴賴之《嘉定東西》（譯者案：此書名《不可了》，恐有訛脫），辣古賴之《柬埔寨年代記》諸書，互相參考。由太古至今日，其間興亡治亂及諸王名號與歷代所行之大政，皆網羅蒐集，拮据數載，稍得藏事。世之欲涉獵安南國事者，此編可為萬一之助。諸書所載中國事蹟，有與中國正史相背者，今故仍之，不為改易，用供參考焉。明治拾參年拾月著者識。」

（四）琉 球

101.《琉球地理小志》一卷，附《琉球小志補遺》一卷、《琉球說略》一卷

（日）中根淑等撰，姚文棟（子梁）輯譯。

上海圖書館藏清光緒 9 年（1883）寫刻本，本書採用版本。

復旦大學藏光緒九年（1883）刊本一冊。

卷首有張煥綸《琉球地理志序》、陳允頤《琉球小志序》、余璀《琉球說略序》。《琉球地理小志》是作者日本明治八年「修史館新撰地書摘譯琉球一門，參以海軍省實測圖說」（《琉球說略》卷首）編輯而成，按疆域、度數、形勢、沿革、間切、山嶽、河渠、港灣、岬角、海峽、島嶼、暗礁等子目敘述琉球的地理地貌。卷末有姚文棟的《跋》，並附有他所譯的（日）中根淑的《琉球立國始末》、《琉球形勢大略》、《沖繩島總論》；（日）大槻文彥的《琉球新志自序》；（日）重野安繹《沖繩志後序》五篇譯稿。

《琉球小志補遺》一卷，姚文棟撰，仍按《琉球地理小志》相同的子目記述了琉球北島的地理和沿革，補充了《琉球地理小志》記載之闕。姚文棟在卷末云：「此卷紀琉球北島明萬曆三十七年入於日本，當時不遺一介責問，彼始公然以琉球爲附庸，中山之不祀忽諸，實嚆矢於此。他日如議球案要當並問此島也，文棟又識。」

《琉球說略》一卷，姚文棟撰。此書是姚文棟根據日本文部省刊行的官書輯譯而成，敘述了琉球的歷史沿革和自然地理情況，語言流暢，簡明扼要。本書主要是爲中小學生地理學習參考而編撰。

102.《琉球形勢略》一卷

（日）中根淑撰。《小方壺齋輿地叢鈔》第 10 帙本。

（五）日　本

103.《日本地理志》一卷

（日）中村五六編纂，（日）頓野廣太郎修補，王國維譯。

上海圖書館、中國人民大學圖書館、北京大學圖書館藏上海金粟齋光緒二十七年辛丑（1901）四月鉛印本。

全書分爲十一篇，篇首有王德淵序，篇末附《日本地理志名義》。該書具體目次爲：總論第一；畿內第二；東山道第三；北陸道第五；山陰道第六；山陽道第七；南海道第八；西海道第九；北海道第十；臺灣第十一。各篇之下還有細目，如第一篇總論之下就分爲位置、境界、五大島、屬島、面積、海岸、半島、海岸線、山脈、火山、平原、河流、湖水、溫泉、氣候、植物、動物、礦物、物產、人種、人口、人民階級、宗教、區畫、政體、教育、兵制、道路、鐵道、航海、郵便、都市、港口、沿革、外交等子目總論日本全

境的自然地理、政治地理與人文地理狀況。第二篇至第十一篇的子目與第一篇的子目劃分基本相同。

104.《日本政治地理》不分卷

（日）矢津昌永著（清）陶鎔譯

蘇州大學藏光緒 28 年〔1902〕上海商務印書館地學叢書排印本一冊。

北京大學圖書館藏清光緒 28 年〔1902〕上海商務印書館鉛印本（人民大學為同一版本）。

105.《日本地理》無卷數

（日）佐藤傳藏編，范迪吉等譯。

光緒 29 年上海會文學社本。

106.《日本旅行地理》無卷數

（日）山上萬次郎編，范迪吉等譯。

上海圖書館藏清光緒 18 年（1892）上海鴻寶齋石印本三冊；

上海圖書館藏清光緒 20 年孫溪校經堂刻本六冊；

上海圖書館藏清光緒十八年無錫薛氏刻本六冊；

續修四庫全書影印清光緒十八年刻本。

107.《日本地理問答》無卷數

（日）富山房編，范迪吉等譯。

光緒 29 年上海會文學社本。

108.《最新日本全國漫遊記》無卷數

（日）坪古善四郎撰，范迪吉、金烜譯。

光緒 32 年上海時中書局本。

109.《北海道拓殖概觀》一卷

（日）北海道廳編，楊成能、謝蔭昌譯。

（1）上海圖書館、北京大學圖書館、中國人民大學圖書館藏清宣統二年（1910）奉天圖書館印刷所鉛印本一冊，版心下題「奉天圖書印刷所印」，卷首有宣統二年盧靖序言；實分六章，還有「附錄」。

（2）有宣統二年（1910）奉天提學司本。

110.《日本風俗談》不分卷

（日）阪本健一，范迪吉等譯。

光緒 29 年上海會文學社本。

111.《日本現勢論》不分卷

（日）東邦協會編，養浩齋主人輯譯。

上海圖書館藏清光緒 28 年（1902）廣智書局鉛印本一冊（史學小叢書477616）

112.《日本地理小志》五卷

（日）中根淑撰。上海圖書館藏日本明治 12 年（1879）迷花書室刻本五冊。

113.《兩京市志》二卷

（日）總生寬撰。上海圖書館藏日本明治 18 年（1885）東京稗史出版社鉛印本 2 冊。

114.《東旋詩紀》一卷，《使會津紀》一卷

（日）岡千仞撰。上海圖書館藏清光緒 13 年（1887）上海點石齋石印本一卷一冊。

115.《鹽松勝概》二卷

（日）岡千仞撰（日）岡千濯輯。上海圖書館藏日本明治 25 年（1892）硯癖齋再版鉛印本 2 冊。

116.《大東合邦新義》

（日）森本藤吉撰，(清)陳高第校定。

中國人民大學、蘇州大學圖書館藏光緒 24 年上海大同譯書局石印本一冊。

117.《中等東洋歷史地圖》

（日）桑原騭藏編。蘇州大學藏光緒 25 年石印本一冊。

（六）緬　甸

118.《緬甸國志》一卷（又名《英領緬甸志》、《緬甸新志》）

學部編譯圖書局輯。

蘇州大學、復旦大學、北京大學圖書館藏光緒三十三年（1907）學部編譯圖書局鉛印本一冊。

119.《布哈爾志》一卷

學部編譯圖書局輯。南京圖書館、復旦大學、蘇州大學藏光緒三十三年學部編譯圖書局排印本一冊。

120.《緬甸志》一卷

西洋闕名撰。《小方壺齋輿地叢鈔》第 10 帙本。

（七）柬埔寨

121.《柬埔寨以北探路記》十五卷。

（法）晃丙山加尼撰，佚名譯。

北京大學圖書館藏光緒 10 年〔1884〕廣州泰華樓居士刊本。

復旦大學藏殘本 14 卷（卷 2～15）。

（八）泰　國

122.《暹羅國志》一卷。

學部編譯圖書局輯。

蘇州大學、復旦大學、南京圖書館藏光緒三十三年學部編譯圖書局鉛印本一冊。

123.《暹羅志》一卷

西洋闕名撰《小方壺齋輿地叢鈔》第 10 帙本。

（九）菲律賓

124.《呂宋備考》一卷

西洋闕名撰《小方壺齋輿地叢鈔再補編》第 10 帙本。

（十）印　度

125.《印度國志》一卷

學部編譯圖書局輯。

北京大學圖書館藏清光緒 33 年〔1907〕學部編譯圖書局鉛印本。《續修四庫全書總目提要（稿本）》（齊魯書社影印本）第 22 冊第 487 頁《印度志》提要曰：

「《印度志》一卷，光緒學部圖書局印本。清學部圖書局編。

首為論略，言全部區省十有二，土府一百五十，其十二省受治於英，

而一百五十土府，則第謂英爲諸國，縱橫一百五十萬方里，人民二百四十兆。次見釋名、位置（《五洲地理志略》，全國天然分爲四大部，曰希瑪拉小部、恒河灌域、印度河灌域，南方，位於高原，合緬甸爲五大部）。地爲三大角，是書印度半島形似三角，與《志略》合。四境界、四形勢、四流域、四河系，灌漑印度北部之大河系有三：其一發源於喜馬拉雅山之北，屈折西流，經山之西嶺以南於辛廣普者，曰灌特里河；其二曰布拉馬普得那河，亦發源於喜馬拉雅山之北，東流經山之東嶺，以抵河薩密孟加拉；三曰恒河，其源在喜馬拉雅，北緯三十一度，與亞爾干奈帶得河……，始名恒河。流向東南，入於孟加拉灣。四玉穀。三大河系領界爲地土肥厚、歲有二熟，甚有數處三熟者。

126.《印度新志》

學部編譯圖書局輯。南京圖書館藏清光緖 33 年〔1907〕學部編譯圖書局鉛印本。

127.《印度志略》一卷

英國慕維廉撰。《小方壺齋輿地叢鈔》第 10 帙本。

（十一）西　亞

128.《猶太地理擇要》二冊

（美）紀好弼著，陳覺民述。光緒八年刊本。

129.《俾路芝志》一卷

學部編譯圖書局輯。

復旦大學藏光緒三十三年（1907）學部編譯圖書局鉛印本一冊。

南京圖書館藏光緒三十三年（1907）學部編譯圖書局鉛印本一冊。

130.《馬留土股志》一卷

學部編譯圖書局輯。復旦大學藏光緒三十三年（1907）學部編譯圖書局鉛印本一冊。

131.《紐吉尼亞島志》一卷

學部編譯圖書局輯。復旦大學藏光緒三十三年（1907）學部編譯圖書局鉛印本一冊。

132.《西里伯島志》一卷，附《新志》一卷

學部編譯圖書局輯。復旦大學藏光緒三十三年（1907）學部編譯圖書局鉛印本一冊。

133.《阿富汗土耳其斯坦志》一卷

學部編譯圖書局輯。復旦大學藏光緒三十三年（1907）學部編譯圖書局鉛印本一冊。

134.《阿富汗斯坦志》一卷附《新志》一卷。

學部編譯圖書局輯。復旦大學藏光緒三十三年（1907）學部編譯圖書局鉛印本一冊。

135.《土耳其斯坦志》一卷，《東土耳其斯坦志》一卷。

學部編譯圖書局輯。復旦大學藏光緒三十三年（1907）學部編譯圖書局鉛印本一冊。

136.《亞拉伯志》一卷，附《新志》一卷

學部編譯圖書局輯。光緒三十三年（1907）學部編譯圖書局鉛印本一冊。

137.《土爾基志》一卷，附《新志》一卷

學部編譯圖書局輯。復旦大學藏光緒三十三年（1907）學部編譯圖書局鉛印本一冊。

138.《波斯志》一卷

學部編譯圖書局輯。復旦大學藏光緒三十三年（1907）學部編譯圖書局鉛印本一冊。

139.《小亞細亞志》一卷，《小亞細亞新志》一卷

學部編譯圖書局輯。復旦大學藏光緒三十三年（1907）學部編譯圖書局鉛印本一冊。

（十二）南　洋

140.《東南海島圖經》六卷

（清鐵嶺）世增（益三），（鄞縣）張美翊（讓三）合譯。

蘇州大學藏光緒 26 年上海石印本三冊，303985，303986。

中國人民大學圖書館藏清光緒 26 年〔1900〕石印本，封面題「光緒庚子四月上海石印」。

141.《爪哇志》一卷，附《新志》一卷

學部編譯圖書局輯。北京大學圖書館藏光緒三十三年（1907）學部編譯圖書局鉛印本一冊。

142.《蘇門答拉志》一卷，附《新志》一卷

學部編譯圖書局輯。北京大學圖書館藏光緒三十三年（1907）學部編譯圖書局鉛印本一冊。

143.《阿達曼群島志》一卷，附《新志》一卷

學部編譯圖書局輯。光緒三十四年（1908）學部編譯圖書局鉛印本。

144.《婆羅島志》一卷

學部編譯圖書局輯。光緒三十四年（1908）學部編譯圖書局鉛印本。

（十三）北亞（亞洲俄羅斯部）

145.《西比利亞志》一卷，附《西比利亞新志》一卷

學部編譯圖書局輯。復旦大學藏光緒三十四年（1908）學部編譯圖書局鉛印本一冊。

三、歐　洲

（一）歐洲總論及歐洲跨國地理

146.《歐羅巴各國總敘》一卷

（葡）瑪姬士撰。《小方壺齋輿地叢鈔再補編》第 11 帙本。

147.《中西關係略論》一卷

美國林樂知撰。《小方壺齋輿地叢鈔》第 11 帙。

148.《歐北五國志》一卷

林則徐譯，魏源重輯。上海樂善堂藏版（1885 年前）。

149.《歐美新談》一卷，附《亞洲奇異錄》一卷

（上海）周文治（仲華）輯譯。上海圖書館藏清光緒 29 年（1903）一新書局鉛印本。

150.《野蠻之歐洲》一卷

（德）麥克塞挪斗撰，（清）題競強庵主人譯。

北京師範大學圖書館和上海圖書館藏清光緒 29 年（1903）鉛印本。

151.《泰西城鎮記》一卷

（美）丁韙良著。上海圖書館藏光緒二十年上海積山書局石印本《中外地輿圖說集成》第 125 卷；《小方壺齋輿地叢鈔》第 11 帙本。《泰西城鎮記》一書，更準確的說是一篇一千二百百字的文章，介紹了歐洲重要的海港城市熱爾罷他城，「其地有一海港，寬約五六十里，從此而入則為地中海，出則為大西洋」，意大利的大城市那伯里，「居民四十餘萬，面海背山，風景佳勝。兩旁皆海岸，曲若彎弓，合抱海水若半璧然。」還介紹了意大利的威內薩（威尼斯），其地「海中有群島，城建其上，故名百島城。」

152.《土耳其國志·羅馬尼亞國志·塞爾維亞國志·布加利亞國志·門德內各羅志·希臘國志》

薛福成鑒定，吳宗濂、郭家驥譯、張美翊述。上海圖書館藏清光緒二十八年（1902）無錫薛氏石印本一冊，與《土耳其史》合刻，卷末附有薛瑩中《跋》。北大圖書館所藏版本與上海圖書館相同。

《土耳其國志》、《羅馬尼亞國志》、《塞爾維亞國志》、《布加利亞國志》、《門德內各羅志》，均由薛福成鑒定，吳宗濂、郭家驥譯、張美翊述。《希臘國志》由薛福成鑒定，世增譯、顧錫爵述。本書敘述了六地的歷史沿革、疆域形勝、行政建置、山脈河流、人口、物產等情況，除《土耳其國志》篇幅稍長外，其他均是篇幅短小之作，簡明扼要。

薛瑩中《跋》曰：

> 昔鄭介居兩大，晉楚爭之而迭霸。韓魏地當要衝，六國失之而隨亡。夫孱弱如鄭、韓、魏而關係當時，大局若是。然則今之土耳其不綦要哉？嘗考土自道咸以來，幾不國矣，敗於埃及，再辱於俄，失地於希臘，受制於英法諸國。蓋自東羅美里為自主之省，羅馬尼亞、塞爾斐亞、布加利亞、門得內各羅四國各乘亂據地立國。而土之藩籬盡撤，其積弱之勢殆不亞於鄭、韓、魏，然而君士但丁無恙，頗斯福爾他大尼里兩峽猶存也。英、俄之爭土也，亦無異於晉、楚、秦之爭，鄭、韓、魏。觀於咸豐五年巴黎之會、光緒四年柏林之會可以得其梗概矣。假使英人持重自居局外，則土亡挾教門種類異同之見歧土，助俄則土亦亡，土亡，俄得縱橫黑海、地中海之間，而

歐洲麋爛矣。英人綢繆未雨，合縱拒俄。辛之，土賴以存。歐洲亦差安無事。數十年來，俄人沈幾觀變，幡然改圖，未肆西封，遂勤東略，注意亞洲鐵路，直達遼瀋，經營旅順、大連灣兩港，而俄焰日張，英日諸國患俄甚深，防俄益密，貸威海衛以相抵制聯盟互保以與抗衡，一轉移間天下戰爭之局，遂自西而東。我中國不嘗帶土而受其禍，此又時會之變遷，有心人所為欷歔太息而不置也。辛丑暮冬撿理遺篋得先公使西時所譯《土耳其志》一冊，附以羅、塞、布、門四國志。譯者嘉定吳君挹清、宛平、郭君秋坪、述者鄞縣張君讓三也。校寫甫竣，亟付手民因率書所臆如此。光緒辛丑十二月無錫薛瑩中校畢謹記。

　　壬寅下，土耳其校印甫竣，復搜遺篋得《希臘志》一冊。蓋先公使西時所輯譯者，土、希固鄰國，教門既別，種類亦殊。數十年來爭端迭出。即其風俗教化亦在土耳其上匯為一編，俾資考覽焉。光緒壬寅夏日瑩中又記。

153.《英法義比四國志譯略》四卷（又名《英法義比志譯略》）

（清）薛福成鑒定，世增、顧錫爵、吳宗濂等譯。

上海圖書館藏光緒光緒 25 年（1899）無錫薛氏石印本一冊四卷。

蘇州大學藏光緒二十五年石印本二冊。

　　全書分為四卷，每卷均在卷首標明譯自法文，且均題有「無錫薛福成叔耘鑒定」字樣。卷首有《凡例》及薛瑩中的《識》。其中卷一英吉利譯略較詳，由吳宗濂譯、趙元益述。後三卷較略，均由世曾譯、顧錫爵述。卷一英吉利國譯略，分成英倫三島總述、蘇格蘭、阿爾蘭三個子目，下面又用一二三四等數字敘述英國所屬各部，卷末附有英倫國王年表。文中對英國的幅員面積、山脈河流、城市農村、人口多少、賦稅額度、風土政教均有較為詳細的記述。卷二為法蘭西國志略，在目錄中寫為「法蘭西國譯略」，而卷中則寫為「佛郎西譯略」，此卷對法國的地理方位、山川形勝、行政區劃、風俗政教有簡明扼要的記述。卷三為意大利國譯略，在目錄中寫為「意大利國譯略」，而卷中則寫為「意大里亞譯略」，簡要記述了意大利的地理狀況。卷四為比利時國譯略，簡要記述比利時的地理情況、行政區劃等，末附有比利時國紀略。值得一提的是，卷一所附的《英倫國王年表》的國王名字及後三卷中很多重要的地名都在中文異名旁附有英文，免於讀者因譯語不同而產生疑惑。

還要指出的是五洲列國志匯本中的世增、顧錫爵譯《比利時志譯略》一卷、世增譯《佛郎吉志譯略》一卷、吳宗濂譯《英吉利志譯略》一卷即是《英法義比四國志譯略》中的各卷。

《凡例》曰：

一、是書譯稿，當時擬稱《續瀛環志略》，實未定名。雖稿本已具五洲，間亦缺而未備。按前志原例，宜首亞次歐。今既擬分編，始先印英法義比四國志，蓋奉使之邦，固考覽所必及也。

一、四國志譯略，英國較詳，法、義、比稍略。且文筆不同，體例各異、蓋譯述非出一人，未經先公編定。今悉仍之而分著諸君姓氏餘下，閱者當自得焉。

一、原稿均附地圖於各國郡邑山川海口要地，雖細如毫髮而朗若列眉，誠至寶也，因一時描繪不及，姑俟續印。

一、洋文遠音，本無定字，何有意義。無論數人譯字無一同者，即一人所譯亦且前後互異。今於地名、人名必附洋文於旁，或別爲中西合璧文字表於後，藉資印證。

一、譯稿既非定本，今擬擇要先印。俟四國志蕆工，即印越南、暹羅、緬甸及附近柬埔寨、南掌諸志，因皆與滇、桂沿邊接壤。先公訂定界約頗注意於此，亦先志也。其南洋諸島別由張君美翊編定圖經，卷帙頗繁，譯述較備，亦即附圖印行。先公嘗建保護出洋華民之策，觀於此書可得大略。

一、五洲各志陸續付印，俟全書告竣再爲編次。其有缺略訛誤之處，請大雅君子匡正而補輯焉。

薛瑩中《識》曰：

「光緒十有六年春正月，先光祿公奉命出使英法意比諸國，嘗廣求五洲地志及西人遊歷日記，命隨槎諸君分曹纂錄繪圖、譯說，冀以續徐氏志略、魏氏圖志之書。迨甲午東渡得稿數十冊、圖數十幅，將以歸國之暇手自編定。不意抵滬兩旬，先公寢疾，薨於出使行臺。不孝奉喪而歸，患病經歲，屢瀕於危，丙申始愈，乃能檢理遺篋校刻。奏疏、公牘、續日記、別集、筆箚，以次蕆事。覆閱地志譯稿，詳略互殊，體例各別。蓋採用不止一書，編譯非出一手，實未定之稿本也。惟念庋篋中，恐致散佚，延人重輯，又需時日，不如即將原稿發印，以俟當世君子之理董。又其卷帙浩繁，鋟版非

易，難以一時盡出，而英法義比四國爲當時奉使之邦，爰付諸石印，名其書曰《英法義比四國志譯略》志其實也。其餘家藏諸稿，擬次第校印。其留存諸君處者，……光緒二十五年春三月既望第三男瑩中謹識。」

154.《華事夷言》

林則徐譯。

（1）北京大學圖書館藏抄本二卷。

（2）《小方壺齋輿地叢鈔再補編》第 11 帙本一卷。

（二）俄羅斯

155.《俄羅斯國志》二卷

林則徐譯，魏源輯。上海圖書館藏清光緒（1875～1908）上海樂善堂刻本。

156.《西伯利亞大地志》四卷

（日）下村修介，加藤稚雄編；王履康、辛漢經、家齡合譯：北京師範大學圖書館藏南京啓新書局光緒 29 年（1903）刊本。

157.《俄羅斯》

（法）波留著，（日）林毅陸譯。

蘇州大學藏光緒三十年商務印書館鉛印本一冊二卷。

北京大學藏清光緒 30 年（1904）上海商務印書館鉛印本三卷。

158.《俄羅斯國志略》一卷

沈敦和輯。《小方壺齋輿地叢鈔補編》第 3 帙本。

（三）英　國

159.《英吉利史》三卷

（日本）須永今三郎著。南京圖書館藏光緒 29 年（1903）鉛印本二冊。

160.《英吉利地圖說》

（英）慕維廉（Muirhead，W.）撰。

國家圖書館藏普通古籍庫藏求志齋主人輯「中西新學大全叢書」第 10 冊，上海鴻文書局光緒 23 年（1897）石印本。

中西新學大全叢書，共十九卷九十一種。

161.《英吉利國志》三卷

林則徐譯，魏源重輯。

162.《英國志略》一卷

沈敦和輯譯。國家圖書館藏湖南新學書局清光緒 22 年～23 年〔1896～1897〕《西史匯函》叢書刻本。

163.《英吉利志譯略》

吳宗濂譯。

164.《英國樞政志》十四卷

（英）圖雷爾撰，南洋公學師範院譯。國家圖書館藏南洋公學師範院清〔1644～1911〕刻本。

165.《大英國志》八卷

（英）慕維廉譯。

北京大學和蘇州大學藏清咸豐六年上海墨海書院刻本二冊。

又，北京大學圖書館藏清光緒 23 年〔1897〕湖南上梅書局刻本。

（四）法　國

166.《法國志略》一卷

沈敦和輯譯。光緒二十年（1894）上海著易堂鉛印王錫祺輯「小方壺齋輿地叢鈔補編」第 11 帙本。

167.《佛郎吉志譯略》一卷

世增譯。

168.《法國新志》四卷。

（英）陝勒低輯，英傅蘭雅等口譯，潘松等筆述。復旦大學藏光緒中江南製造局刊本二冊。

（五）德　國

169.《德國志略》一卷

沈敦和輯。光緒二十年（1894）上海著易堂鉛印王錫祺輯「小方壺齋輿地叢鈔補編」第 11 帙本。

（六）意大利

170.《意大利譯略》（又名《意大里志譯略》）一卷

增益、顧錫爵合譯。

（七）希　臘

171.《希臘志略》七卷

佚名輯譯，本書採用上海圖書館藏清光緒 22 年（1896）上海著易堂書局鉛印本一冊。

全書敘事時間斷限：上起希臘民族起源，下迄於西元前 211 年希臘更名爲羅馬國省。全書採用卷節體，共分七卷，卷下又分若干節。第一卷，「溯希臘人初始」，下分爲十五節，主要敘述希臘民族的起源以及希臘神話。第二卷，「比羅地上古諸事」，下分爲十四節，主要記述了伯羅奔尼薩斯地區的古代主要的城邦國家斯巴達及主要的民族多利族的歷史。第三卷，「雅底加上古諸事」，下分爲二十節，主要記述了古代城邦國家雅典的歷史、梭倫改革、雅典的民主政治、斯巴達人對雅典的壓迫等。第四卷，「約年背叛並波斯戰務」，下分爲三十二節，主要記述了希波戰爭，還專門介紹了波斯和雅典的軍事裝備如波斯的水車、雅典的戰艦等。第五卷，「雅典中興與比羅戰」，下分爲四十六節，主要敘述伯羅奔尼薩斯戰爭，介紹了提洛同盟的形成、斯巴和雅典的國勢強弱對比、尼加斯訂約、雅典的戰敗與衰落等歷史，最後一節專門介紹了大思想家蘇格拉底。第六卷，「斯、低、馬三國事略」，下分爲十九節，敘述了斯巴、低比、馬其頓三國的統治。第七卷，「亞利散大統轄諸地」，下分爲二十六節，主要敘述了亞歷山大東征及馬其頓時期的希臘。書中附有地圖 5 幅，包括《自春秋至戰國時巴西希臘地圖》、《群島海並周圍地圖》、《南希臘國》、《中國春秋及戰國時希臘諸埠圖》、《撒拉米並雅底加海濱圖》，卷末附有中西紀年對照的《希臘志略年表》。根據鄒振環《傳教士與晚清西史東漸》（上海古籍出版社 2008 年版，第 346 頁）記載，本書原著是英國倫敦麥克米倫公司（macmillan&Co.of London）John Edward Green 所編的「歷史與文學基本讀物系列」（the series of History and Literature primers）之一種，【英】費夫著，【英】艾約瑟編譯，被列入「西學啓蒙十六種」叢書，北京總稅務司署 1886 年版。

172.《羅馬志略》十三卷

【英】克埃頓著，【英】艾約瑟編譯。上海圖書館藏清光緒 22 年（1896）上海著易堂書局鉛印本一冊。該書敘述了自周平王十八年（西元前 753 年）羅馬城肇建至明景帝景泰四年（西元 1453 年）土耳其人攻取君士坦丁堡，東羅馬滅亡的歷史，是一部簡要的羅馬通史。卷末還附有中西曆對照《羅馬年表》。全書正文分為十三卷，卷下又分若干節，正文前有「小引」，相當於緒論，包括「讀羅馬史便悉歐洲近事」、「羅馬史載往古諸國事」、「史中五要」等三節。第一卷「羅馬城古初諸事」，記述羅馬城的創築、羅馬國家的形成及早期的羅馬共和國。第二卷「羅馬如何得意大利全地」。第三卷「羅馬與加耳達俄戰」。第四卷「羅馬砥屬東域」，記述了羅馬共和國向東的擴張。第五卷「羅馬平諸國後轉變如何」，敘述羅馬征服諸國後羅馬習俗的更變。第六卷「革氏出首救時弊」，敘述了底比留挽救時弊的土地改革。第七卷「羅馬弊政」。第八卷「羅馬內地亂」，敘述了羅馬共和國的內戰。第九卷，「羅馬立帝之始」，敘述了屋大維建立了羅馬帝國。第十卷「弗拉分族之諸帝」。第十一卷「為軍，士擁立之諸帝」。第十二卷「丟革利典與根斯丹典二帝之世」。第十三卷「諸他族人入居羅馬」，敘述了哥德族、狠尼族等外族的入侵，羅馬再分為東西二國，最終東羅馬帝國滅亡，西羅馬也走向衰落。書中尚附有《中國西週末時意大利地全圖》、《居意大利地之諸族分界圖》、《羅馬城四周分居諸族地》等地圖若干幅。

（八）保加利亞

173.《布加利亞國志》一卷（布加利亞今譯「保加利亞」）

（清嘉定）吳宗濂等譯。

（九）羅馬尼亞

174.《羅馬尼亞國志》一卷

（清嘉定）吳宗濂等譯。光緒二十八年（1902）無錫薛氏石印本。

（十）塞爾維亞

175.《塞爾維亞國志》一卷

（清嘉定）吳宗濂等譯。

（十一）土耳其

176.《土耳其國志》一卷

（清）薛福成鑒定，吳宗濂等譯。蘇州大學藏光緒二十八年石印本一冊。

四、美 洲

（一）美洲總論

177.《亞美理駕諸國記》一卷

（日）岡本監輔撰。《小方壺齋輿地叢鈔》第 12 帙。

（二）美 國

178.《大美聯邦志略》二卷

（美）裨治文撰。南京圖書館藏清末鉛印本。上海墨海書館 1861 年刊本。

179.《美理哥國志略》一卷

美國高理文撰。

1838 年新嘉坡堅夏書院刊，分兩冊。同年又重刊。

《小方壺齋輿地叢鈔再補編》第 12 帙本。

（三）巴 西

180.《巴西地理兵要》二卷，附《巴西政治考》一卷

顧厚焜編，鄭之驤譯。

上海圖書館藏清光緒十五年（1899）鉛印本，爲本書採用版本；蘇州大學圖書館藏光緒十五年（1899）石印本一冊。

卷首有光緒十五年王韜序和孫點君序。此書是顧厚焜光緒十三年奉命遊歷美洲一年後，光緒十五年七月回國覆命後編輯而成。全書分成 27 目，有全國形勢總論、寒暑考、晴雨考、風信考、疆界考、全國各部經緯度表、全國各部四至表、各部郡數民數學堂學生數表、各部學堂學生歲息歲費表、礦產考、泉性考、動物考、植物考、官鐵路表、民鐵路表、陸軍兵制考、陸軍兵數考、陸軍學堂考、巡捕人數考、救火兵數考、軍械製造局考、海軍兵制考、海軍製造局考、火藥局考、炮臺考、戍兵新地考、師船考。王韜《巴西地理兵要序》稱讚此書曰：

　　「蓋於巴西近日之情形，了然如之上螺紋，不禁歎比部爲世之

有心人也，可謂不負斯遊矣。巴西一國遠在美洲，未甚著名，中土人知之甚尠（音 xiǎn，通「鮮」），自有此書而巴西之山川風土，俗尚民情，歷歷在目，不啻作宗少文之臥遊，況乎所紀如國政、兵防、軍制、學校、生計、物產皆其犖犖大者。即至於法度沿革亦復綱舉目張，固有所遺。」

書末所附《政治考》，分為 19 目：政令、各部政令、世系、國俗、王府、電信里數、官銀行、各部海口、保險、文官俸祿、稅法、歲用、海關、戶口、錢法、民人利益、文藝、監獄、教門。

王韜《巴西地理兵要序》：

「美洲為新闢之地，而巴西亦為新造之邦。立國於南洲之東境，通國分二十部，幅員之廣，大抵不過二千五百餘方里，地當赤道，故氣候夏冷而冬和。人多壽，考民鮮疾屙，自古為土番部落，獉狉未化，喜搏人而啖其肉，既然無酋長，聚散靡常。明宏治年間，始為品光所覓，得以泉甘而土肥，遂芟榛莽闢荒穢，徙國人而實之。葡萄牙、荷蘭迭為割據，震土番以火器，遂不敢出歐洲，諸大國接踵而來貿易以盛其地，土性百穀咸宜。惜其民，男惰於耕，女怠於獲，已墾之土不過十之三四，地利遂有所未盡，荒蕪之區、蓬蒿雜沓，林莽陰翳，奇形之獸、不知名之鳥、詭異怪譎之蟲蛇晝寂夜喧，雖有珍異蔽於穢墟，末由自獻，故西人多歎其治之之道，猶未備也。曩時，葡為法所攻，葡王遁於巴西，自王其地。事平歸國，傳位於長子。道光二年，巴西為自立之邦，不屬於葡，由是別為海西大國。土富兵強，推南洲巨擘。……余友顧少逸比部，當今未易才也。前年奉命遊歷美洲，今歲七月之望星槎既旋，與余相見於滬上，出其所著《巴西國地理兵要》、《巴西政治考》二書示余，受而讀之，未及終篇，亟稱其善。蓋於巴西近日之情形，了然如之上螺紋，不禁歎比部為世之有心人也，可謂不負斯遊矣。巴西一國遠在美洲，未甚著名，中土人知之甚尠（音 xiǎn，通「鮮」），自有此書而巴西之山川風土，俗尚民情，歷歷在目，不啻作宗少文之臥遊，況乎所紀如國政、兵防、軍制、學校、生計、物產皆其犖犖大者。即至於法度沿革亦復綱舉目張，固有所遺。比部在其國中咸側席周旋，唯恐或後。昔鄭子羽氏為行人能知四國之所為，今比部充斯選，洵可以

當之而無愧矣。今與比部忝附梓誼，末實預有榮焉。比部屬序其端，
曷敢以不文辭。光緒十有五年，歲次己丑律中夷則之月天南，遯叟
王韜書於淞隱廬。」

（四）古　巴

181.《古巴述略》一卷

（日）村田□著，《小方壺齋輿地叢鈔再補編》第 12 帙本。

五、非　洲

（一）非洲總論

182.《亞斐利加洲志》一卷，附《新志》一卷

學部編譯圖書局輯。學部編譯圖書局 1909 年編刊。

183.《阿非利加洲》一卷

翟世增（昂夷）譯。中西製造書局 1903 年印、經濟書林發行。

184.《西阿非利加洲》一卷

翟世增（昂夷）譯。

185.《歐洲各國開闢非洲考》一卷

英國李提摩太撰。《小方壺齋輿地叢鈔再補編》第 12 帙本。

186.《阿利未加洲各國志》一卷

西洋闕名撰：《小方壺齋輿地叢鈔》第 12 帙。

187.《亞非理駕諸國記》一卷

（日）岡本監輔撰。《小方壺齋輿地叢鈔》第 12 帙。

188.《阿比西尼亞國述略》一卷

（美）林樂知撰。《小方壺齋輿地叢鈔》第 12 帙。

189.《英領開浦殖民地志》一卷，附《英領開浦殖民地新志》一卷

學部編譯圖書局輯。該書由英國所屬的非洲最南端的開埔殖民地志和新
志組成。

國家圖書館和復旦大學藏光緒三十四年（1908）學部編譯圖書局鉛印本
一冊。

（二）埃　及

190.《埃及紀略》一卷

（英）韋廉臣撰。《小方壺齋輿地叢鈔》第 12 帙。

191.《埃及埃及國記》一卷。

（日）岡本監輔撰。《小方壺齋輿地叢鈔》第 12 帙。

六、其　他

192.《英屬地志》一卷

英國慕維廉撰。《小方壺齋輿地叢鈔》第 10 帙本。

193.《俄西亞尼嘎洲志略》一卷

美國戴德江撰。《小方壺齋輿地叢鈔》第 10 帙本。

194.《阿塞亞尼亞羣島記》一卷

日本岡本監輔撰。《小方壺齋輿地叢鈔》第 10 帙本。

B：國人輯譯的地理遊記

一、亞　洲

（一）朝　鮮

1.《東遊日記》一卷

西洋闕名撰。《小方壺齋輿地叢鈔》第 10 帙本。

2.《東國名勝記》一卷

朝鮮金敬淵撰。《小方壺齋輿地叢鈔》第 10 帙本。

（二）日　本

3.《東遊自治譯聞》不分卷

（日）美濃部達吉撰，（清）姚永概、（清）姚煥述。上海圖書館藏清光緒 34 年（1908）鉛印本 2 冊。

4.《棧雲峽雨日記》二卷，詩草一卷

日本竹添光鴻撰。日本明治 12 年（1879）中溝熊象刻本 3 冊。

5.《豈止快錄》一卷

日本林長孺撰。《小方壺齋輿地叢鈔》第 10 帙本。

6.《禺於日錄》一卷

日本岡千仞撰。《小方壺齋輿地叢鈔》第 10 帙本。

7.《熱海遊記》一卷

日本岡千仞撰。《小方壺齋輿地叢鈔》第 10 帙本。

8.《使會津紀》一卷

日本岡千仞撰。《小方壺齋輿地叢鈔》第 10 帙本。

9.《日本載筆》一卷

英國韋廉臣撰。《小方壺齋輿地叢鈔》第 10 帙本。

10.《登富嶽記》一卷

日本太宰純撰。《小方壺齋輿地叢鈔》第 10 帙本。

11.《登富士山記》一卷

日本澤元愷撰。《小方壺齋輿地叢鈔》第 10 帙本。

12.《鹿門宕嶽諸遊記》一卷

日本釋紹岷撰。《小方壺齋輿地叢鈔》第 10 帙本。

13.《遊嵐峽記》一卷

日本源之熙撰。《小方壺齋輿地叢鈔》第 10 帙本。

14.《遊石山記》一卷

日本釋大典撰。《小方壺齋輿地叢鈔》第 10 帙本。

15.《登金華山記》一卷

日本澤元愷撰。《小方壺齋輿地叢鈔》第 10 帙本。

16.《遊松連高雄二山記》一卷

日本安積信撰。《小方壺齋輿地叢鈔》第 10 帙本。

17.《霧島山記》一卷

日本橘南溪撰。《小方壺齋輿地叢鈔》第 10 帙本。

18.《遊天王山記》一卷

日本市村謙撰。《小方壺齋輿地叢鈔》第 10 帙本。

19.《瀧溪紀遊》一卷

日本鈴木恭撰。《小方壺齋輿地叢鈔》第 10 帙本。

20.《遊綿溪記》一卷

日本廣瀨建撰。《小方壺齋輿地叢鈔》第 10 帙本。

21.《遊保津川記》一卷

日本山田敬直撰。《小方壺齋輿地叢鈔》第 10 帙本。

（三）越　南

22.《安南論》一卷

英國李提摩太撰。《小方壺齋輿地叢鈔再補編》第 10 帙本。

（四）印　度

23.《印度風俗記》一卷

日本岡本監輔撰《小方壺齋輿地叢鈔》第 10 帙本。

24.《印度紀遊》一卷

西洋堅彌地撰。《小方壺齋輿地叢鈔》第 10 帙本。

25.《探路日記》一卷（印度）

英國密斯耨撰。《小方壺齋輿地叢鈔》第 10 帙本。

（五）緬　甸

26.《緬甸論》一卷

英國李提摩太撰。《小方壺齋輿地叢鈔再補編》第 10 帙本。

（六）南　洋

27.《東南洋島紀略》一卷

美國林樂知撰。《小方壺齋輿地叢鈔》第 10 帙本。

28.《般鳥紀略》一卷

西洋鴨砵撰。《小方壺齋輿地叢鈔》第 10 帙本。

29.《三得惟枝島紀略》一卷

美國林樂知撰。《小方壺齋輿地叢鈔》第 10 帙本。

（七）中　亞

30.《中亞洲俄屬遊記》二卷

（英）蘭士德（清）莫鎮藩、楊樞譯。復旦大學藏光緒甲午 1885 鉛印本二冊；又：復旦大學藏時務報社石印本二冊。

31.《中亞俄屬遊記》二卷

（英）蘭士德撰，（清）莫鎮藩、楊樞合譯。蘇州大學藏光緒二十年時務報館鉛印本二冊。

（八）北　亞

32.《西伯利記》一卷

日本岡本監輔撰。《小方壺齋輿地叢鈔》第 3 帙本。

二、歐　洲

（一）歐洲總論

33.《歐洲東方交涉記》十二卷

（英）麥高爾輯，（美）林樂知、（清寶山）瞿昂來譯。上海圖書館藏清光緒六年（1880）江南製造局刻本二冊（江南製造局叢書）。

34.《西學啟蒙十六種》

（英）赫德輯、（英）艾約瑟譯。上海圖書館藏清光緒 22 年（1896）上海著易堂鉛印本 14 冊。

35.《埏紘外乘》二十五卷，補遺一卷，續編一卷

（清吳縣）嚴良勳、（美）林樂知（Alen，Y.）譯。上海圖書館藏清光緒二十七年（1901）上海製造局刻本八冊。

（二）俄羅斯

36.《聘盟日記》一卷

俄國雅蘭布撰。《小方壺齋輿地叢鈔》第 3 帙本。

（三）法　國

38.《新開地中河記》一卷

（美）丁韙良撰。《小方壺齋輿地叢鈔》第 12 帙。

39.《使法事略》一卷

（美）林樂知撰。《小方壺齋輿地叢鈔》第 11 帙。

（四）比利時

40.《比利時志譯略》一卷

世增、顧錫爵譯。上海圖書館藏清光緒 25 年（1899）無錫薛氏石印本。

三、美　洲

（一）美　國

41.《美國記》一卷

（日）岡本監輔撰。《小方壺齋輿地叢鈔》第 12 帙。

42.《三藩市紀》一卷

（美）丁韙良撰。《小方壺齋輿地叢鈔》第 12 帙。

43.《北冰洋洲及阿拉斯加沿海聞見錄》一卷

（日）阿部敬介撰，唐人傑譯。政學報館本。

44.《冰洋事蹟述略》一卷

（美）艾約瑟撰。《小方壺齋輿地叢鈔》第 11 帙。

45.《防海新論》十八卷

（布）希里哈著，（英）傅蘭亞譯，華衡芳筆述。復旦大學藏清同治十二年（1873）江南製造局刊本六冊。

（二）墨西哥

46.《墨西哥記》一卷

（日）岡本監輔撰。《小方壺齋輿地叢鈔》第 12 帙。

四、非　洲

47.《泰西風土記》（又名《黑蠻風土記》）一卷

（英）立斯溫敦撰，史錦鏞譯，沈定年述文，復旦大學藏鉛印本一冊，初版年代不詳。

48.《李文司敦播道斐洲遊記》不分卷

（英）霍偉。北京師範大學圖書館藏上海廣學會 1909 排印本。

49.《斐洲遊記》四卷

（英）施萊登，彙報館譯。復旦大學藏光緒二十六年 1900 中西書室鉛印本二冊；上海圖書館藏清光緒 26 年（1900）中西書室鉛印本二冊。

五、大洋洲

50.《澳洲風土記》一卷

（美）白雷特。北京師範大學圖書館古籍部藏上海作新社光緒 29（1903）年鉛印本。

六、跨洲遊記

51.《大八洲遊記》十三卷

（日）青山延壽。日本明治二十一年（1888）東京松陽家塾活字印本 14 冊 1 函。

附錄：域外地名歌略、域外竹枝詞、域外地圖書目

1.《朝鮮竹枝詞》不分卷

（清）柏葰撰，國家圖書館藏清道光24年（1844）刻本1冊，封面及版心均題薛霂吟館抄存。

2.《五洲歌略》一卷

賈恩紱輯撰。復旦大學藏清光緒二十八年（1902）求實學社重刊本一冊。本書採用四字韻文體，以歌略的形式介紹了五洲的自然地理、國家分布、以及一些基本的地理常識，簡明扼要，朗朗上口，易於記憶。全書分總論地球界線、論地球水陸大綱、論亞細亞（亞洲）、詳論歐羅巴（歐洲）、詳論阿非利加（非洲）、詳論南北阿美利加（南北美洲）、論五洋群島等七部分。本書還採用了頁眉自注的形式，對歌略所涉及地名的古今別名、方位所在給予注解，從而彌補了四字韻文體格式之不足，豐富了論述內容。

3.《外國地理講義》三卷

曹典球譯。蘇州大學藏光緒33年湖南思賢書局刻本二冊。

4.《六州地理教科書》

曹典球編，國家圖書館藏清光緒32年衡州府中學堂木活字本1冊。

5.《五洲地名中西合表》

佚名編。

上海圖書館藏光緒鉛印本一卷一冊。

本書按歐洲、墨洲、斐洲、亞洲分次。各按英文字母排列。英文地名的中譯在後，這對於瞭解清末時期的地名翻譯，很有意義。

6.《萬國地理統計表》

（日）服部悅次郎編。上海圖書館藏抄本一冊。

共分為四十章。第一章地球，第二章各大洲面積及人口，第三章各大洋之面積，第四章各大洲之位置，第五章各大洲之延長及幅員，第六章各國之位置及人，第七章各國面積及人口，第八章各大洲著名高山，第九章各大洲著名江河，第十章各大洲著名湖泊，第十一章各大洲著名沙漠及曠原，第十二章各大洲著名島嶼，第十三章各大洲著名半島，第十四章各大洲著名地峽，第十五章各大洲著名岬角，第十六章各大洲著名海灣，第十七章各大洲著名海峽，第十八章各國州縣區劃，第十九章各國領地及保護國，第二十章各國著名都府及人口，第二十一章各國政體，第二十二章各國帝王大統領及即位年代，第二十三章各國財政，第二十四章各國陸軍、各國海軍、各國軍艦、各國物產、各國貿易、各國電信及郵便鐵道、萬國郵便條約國名、萬國電信條約國名、各國商船、外國諸港航路里程、各國時差、各國人種、各國宗教、各國語言、各國教育、各國權度、各國貨幣。

7.《世界地理學表解》無卷數

上海科學書局編輯所編；表解叢書本；近現代叢書，《清史稿‧藝文志拾遺》著錄。

8.（增訂改良）《世界地理學表解》無卷數

上海科學書局編輯所編；表解叢書本；近現代叢書，《清史稿‧藝文志拾遺》著錄。

9.《環球各國事務匯表》無卷數

述盧輯錄。通學齋叢書本；南大叢書，《清史稿‧藝文志拾遺》。

10.《中東年表》一卷

黃遵憲著。光緒16年羊城富文齋刻本、清浙江水局刻本、販書偶記；《清史稿‧藝文志拾遺》著錄。

11.《世界地理統計表》

鄒興覺編。上海圖書館藏清宣統元年（1909）武昌亞新學社刻本二冊。

全書分上、下二卷。上卷有 17 個表，包括各洲面積人口表、各洋面積深度表、各洲位置表、各洲幅員表、各洲著名山脈表、各洲著名江河表、各洲著名湖泊表、各洲沙漠高原平原曠原表、各洲著名島嶼表、各洲著名半島表、各洲著名海峽表、各洲著名觜角表、各洲著名海灣表、各國位置表、各國面積人口表、各國區畫表、各國領屬表。下卷有 13 個表，包括各國都埠軍港表、各國政體表、各國財政表、各國陸軍表、各國海軍表、各國物產表、各國貿易表、各國船舶表、各國鐵道電線郵政表、各國人種表、各國宗教表、各國言語表、各國教育表。

12.《世界地理問答》無卷數

佚名輯，上海圖書館藏抄本一冊，封面題《世界地理問答第一》。本抄本一冊只是抄寫了第一章亞細亞洲，採用問答體的形式討論各國的自然地理、人文地理等問題。如：「問亞細亞之境界？北界北冰洋，東界太平洋，南臨印度洋及太平洋，其西境界限甚不規則，自克拉海、烏拉山脈，經烏拉河、裏海、高加索山脈、黑海、瑪律木拉海、群島海、蘇彝士河至紅海。」

13.《地理問答》二卷，

王亨統著。國家圖書館藏清光緒 27 年（辛丑 1901）山東官印書局石印本 2 冊。

14.《京師譯學館輿地學講義》不分卷

京師譯學館教習韓樸存編。上海圖書館藏清光緒三十一年（1905）京師學務處官書局鉛印本。第一節，數理地理學。包括第一課，地理學總論，第二課，地球之形勢及面積體積。第三課，地球之運動。第四課，方位、氣候帶、經緯度。第二節，自然地理學。包括第五課水陸之配置、大陸之區別、大陸與島之區別、地面之改變。第六課，水之區別、海水之運動。第七課，空氣、風。第八課，雲、霧、雨。第九課，霜露、雪霰雹、虹霓、雷電。第十課，氣候、植物。第十一課，動物、礦物。第三節，政治地理學。第十二課，人類及人種。第十三課，國民之生業、語言、文字。第十四課，政體、宗教（婆羅門教、佛教、猶太教、基督教、天方教）。第十五課～第二十二課，亞細亞洲，下分疆域、海岸、半島、島、地勢、山脈、水道、邦國。第二十三課—第六十七刻，本國輿地，下分疆域、山脈、海岸。

15.《最新萬國輿地韻編》

齊忠甲輯。十二卷,卷後補韻一卷。上海圖書館藏清光緒二十九年(1903)
刻本。卷首有張之洞序及該書《凡例》。該書卷一爲凡例、韻字表、各國志
略,卷二～卷十二則「以韻爲綱,每名下注明某國某部,其邑其埠,別名某
某。」另有補韻一卷附於後。

張之洞《序》曰:

> 「古遼齊太史以經學鳴於時,出其餘力,專心於輿地學。同院
> 諸子嘗搜隱僻之地辯難之,太史應答如懸河,曰某英屬某法屬某新
> 闢某初鑿,如數家珍無謬誤者。居恒無他好,斗室之內左習測量,
> 右披圖潰,嚴寒酷暑無少減。比年以來測繪之稿盈篋常勸其石印行
> 世。太史曰:嘻!難哉難哉!無庸也。叩其故曰:閱地圖者必知測
> 量,測量不通而考地圖,點線一誤,毫釐千里。東瀛輿地圖最精,
> 而欲以餉吾中國,其裨益幾何?予甚韙其言而又疑其以專門學自私
> 也。無何袖《萬國輿地韻編》稿凡十二卷索序於予。予觀其體例則
> 仿李氏《地理志韻編》也,其考訂之圖書不下五十餘種也。其言都
> 邑商埠皆據最近之沿革也。其辨別異同,審定譯音,又萬派同源,
> 一絲不溢也。予雖不精地學而開卷瞭然。向嘗閱西籍而冥搜不得者,
> 今彷彿五大洲歷歷俱在吾目。則是書之嘉惠來學,豈有崖哉?然則
> 太史卻特不以專門自私,其欲由淺入深取便學者,用意良厚,用心
> 良苦,學者苟於是編大致有得,再加圖繪,再深以測量,則不出戶
> 而知天下。藉以用兵可得戰守攻取之宜,藉以出使可知道里山川之
> 要,皆以是書爲嚆矢也。是爲序。光緒癸卯五月張之洞序。」

該書《凡例》曰:

> 「一、輿地之學素無善本,如《海國圖志》、《瀛環志略》、
> 《輿地叢鈔》等書舛謬時見,他如《地理全志》、《地球考略》則
> 又簡而不詳,且時勢既異,地名互有沿革,要難據爲定本。是編窮
> 搜最新最近圖書數十種考定訛誤,詳辨異同,縷析條分,一一採輯。
> 　　一、地名繁多,本難記憶,而外國地名佶屈聱牙,記憶尤難。
> 是編爲便繙閱起見,概以末字分韻,如英吉利則在四寘,法蘭西則
> 在八齊。餘仿此。
> 　　一、是編以韻爲綱,每名下注明某國某部,其邑其埠,別名某

某檢查之，便無過於是。

一、外國地名有一地二三名或數名，而字數之多寡，音之同異有絕不相類者，閱者一時不能據定殊滋疑憾。是編詳加注釋，復每韻分收。如烏遲，一名厄勒西亞。遲字收入四支，亞字仍收入二十二禡。庶隨舉一名即知其餘，以免閱者顧此失彼。

一、外國文字以音拼合，其地名本無實字。即以十人譯一名而字人人殊，故見於諸書者往往互異。是編搜輯諸書，徧考新圖，參觀各種出使日記、紀程、遊學筆記及各種報章，詳覈精譯，始敢匯錄諸名定爲某名，即某地所謂所謂看似容易實艱辛也。

一、地名生僻，其字爲韻，本所無者，不知無幾。是編每遇生僻之字，令收入卷後補韻。

一、韻書諸字從前學詩賦家，某字在某韻自能瞭然。今功令不試詩賦則韻學在所不講。是編將各韻所收之字另編韻字，表於卷首，以便檢查。

一、桑田滄海時有變更，山川疆域轉瞬易主。是編所載某地屬某國均照最近三五年内如飛獵濱島舊屬呂宋，今屬美國。朝鮮舊屬中國，今爲自主。各條不均，各注明以合時勢。

一、各國地名既分載於每韻下，另撰各國志略一卷，以提綱挈領。

一、是編期於繙閱簡便，故各國志略僅記山川道里、疆域廣狹及府部邑埠，其風土人情概不贅述，較前人各志尤爲簡要。

一、中國府廳州縣各注古名，惟古名不再分收，以歸簡要。

一、是編取材既多而雜，又迫於付梓。地名互異處概不注明原書。

一、是編竭二年心力方敢問世，然譯音隨人變換，新書日出不窮，疏忽掛漏之處，固所不免。五大洲博雅君子，時賜教正。幸甚！」

16.《國地異名錄》一卷

（清香山）林謙（若谷）輯，上海圖書館藏清同治十年（1871）無所往齋刻本一冊；小方壺齋輿地叢抄本。

17.《地理略說》不分卷

（南昌）余謇輯。上海圖書館藏宣統中（江西法政學堂講義）鉛印本一冊。

18.《東洋讀史地圖》

題教育阿屯子編。上海圖書館藏清光緒 32 年（1906）五月上海會文學社石印本一冊。全書一冊共有地球 79 幅。第一亞細亞略分五部圖，第二亞洲山脈大勢圖，第三亞洲水道大勢圖，第四朝鮮現勢圖，第五支那帝國大勢圖，第六前後兩印度大勢圖，第七亞洲人種大勢圖，第八夏九州圖，第九春秋形勢圖，第十戰國形勢圖，第十一始皇改置郡縣及征伐之圖，第十二秦亡及楚漢戰爭圖，第十三漢初異姓諸王圖，第十四漢初同姓諸王圖，第十五吳楚七國之亂圖，第十六武帝平嶺南及通西南夷之圖，第十七古朝鮮及武帝置郡邑之圖，第十八匈奴盛勢及武帝征伐之圖，第十九西域沿革大略及西漢經略之圖，第二十兩漢十三部刺史圖，第二十一莽末割據圖，第二十二佛教東漸及東漢經略西域圖，第二十三後漢之末割據圖，第二十四三國形勢圖，第二十五漢末晉初外族徙居內地圖，第二十六兩晉十九州圖，第二十七淝水戰前五胡割據圖，第二十八淝水戰後五胡割據圖，第二十九南北朝前期圖，第三十後魏與塞外諸國交涉圖，第三十一南北朝後期圖，第三十二隋代形勢圖，第三十三隋末割據圖，第三十四唐十代圖，第三十五漢以後朝鮮分裂圖，第三十六突厥未興以前西域形勢圖，第三十七突厥興亡及唐與突厥關係圖，第三十八唐與吐蕃印度並中亞之關係圖。第三十九唐治屬地及互市傳教之圖，第四十唐置十節度及安史之亂圖，第四十一唐中葉以後塞外形勢圖，第四十二唐藩鎮圖，第四十三唐亡至五代前期圖，第四十四契丹之興圖，第四十五五代後期圖，第四十六契丹取晉十六州圖，第四十七宋初十五路圖，第四十八唐以後朝鮮分合圖，第四十九遼建五京及西夏建國圖，第五十女眞之興與遼之亡國，第五十一元豐間二十二路圖，第五十二宋金征戰圖，第五十三蒙古之興國，第五十四蒙古西征以前中亞形勢圖，第五十五成吉思汗遠征圖，第五十六金夏之亡圖，第五十七拔都西征圖，第五十八蒙古南征西伐並滅南宋圖，第五十九元代疆域圖，第六十世祖用兵東南圖，第六十一元末割據圖，第六十二明代疆域圖，第六十三明初征蒙古及西南諸國圖，第六十四帖木兒帝國圖，第六十五瓦剌之極盛圖，第六十六明季東南諸國征戰及諸王割據圖，第六十七滿洲之興圖，第六十八歐人遠航東洋圖，第六十九俄羅斯

東侵及清俄滿洲關係圖，第七十大清徵略西北諸部圖，第七十一大清疆域圖，第七十二大清徵略西南諸國圖，第七十三帖木兒後莫臥兒帝國圖，第七十四英人徵略印緬圖，第七十五鴉片及粵匪之戰圖，第七十六中俄滿洲界約圖，第七十七回匪之亂及俄人侵略中亞圖，第七十八英俄兩國之齟齬圖，第七十九法越中日之戰圖。

19.《萬國輿圖》

吳縣王貫三繪，新會陳兆桐編譯。上海圖書館藏清光緒十二年（1886）同文書局石印本一冊。前有袁祖志和陳兆桐序。

20.《四夷編年表》

（美）林樂知、（清）嚴良勳譯，（清）李鳳苞彙編。復旦大學圖書館藏清刊本四冊四卷。是書採用史表體裁，橫向上以中國紀年，下以西曆西元紀年，上起少昊四十年壬子（西曆前二千三百四十九年），下迄清朝咸豐十一年辛酉（一千八百六十一年）。清朝同治元年壬戌（一千八百六十二年）一格空白。縱向排列日本、印度、波斯、意大利、日爾曼、荷蘭、俄羅斯、挪威丹麥瑞典、法蘭西、英吉利、西班牙、葡萄牙、土耳其、阿非利加等國。鄒振環《西方傳教士與晚清史東漸》指出：《四夷編年表》除 1874 年江南製造局刊本外，清光緒二十三（1897）還有「仿江南製造局原本」刻印的《四夷編年表》，前有仁和皇甫錫璋《重刻〈四夷編年表〉序》。1898 年收入張之洞輯「西學富強叢書」，上海測海山房石印本。

21.《海國輿地釋名》十卷：首一卷

陳士芑著。北大藏清光緒 28 年〔1902〕湘鄉陳氏連道清芬堂刻本。

22.《五大洲總圖》

輿地學會譯印。

23.《瀛寰譯音異名記》十二卷

杜宗預著。上海圖書館藏清光緒 30 年（1904）武昌刻本。

24.《扶桑竹枝詞》一卷

朱路著。

25.《五洲括地歌》一卷

蔣升著。

26.《五洲地名略》高篤廙著。清光緒三十一年（1905）刻本。

27.《蒙學刻本地球歌韻》4 卷（封面題「蒙學讀本輿地歌韻」，本書即《地球韻言》）

（清江陵）張士瀛（公復）撰。蘇州大學藏光緒 29 年杭州通紀編譯局石印本二冊。

28.《袖海編》無卷數

汪鵬著。北京大學清道光〔1821～1850〕世楷堂刻本。

29.《日本雜事詩》一卷

沙起雲著。

30.（清仁和）葉翰、葉瀾撰：《地學歌略》一卷

（清仁和）葉翰、葉瀾撰。

31.《倫敦竹枝詞》，封面題局中門外漢撰。

32.《萬國經緯地球圖式》一卷，莊廷粵著。

33.《英吉利地圖說》一卷

姚瑩撰。《小方壺齋輿地叢鈔》第 11 帙。

34.《柏林竹枝詞》，潘飛聲著。

35.《世界各國險要維新輿圖》不分卷，蔡麟繪。

36.《中外全圖（亞洲東北部）》，佚名編繪。

37.《世界新輿圖》不分卷，奚若編。

38.《東洋讀史地圖》

教育阿屯子編。日本大正 14 年〔1925〕東京富山房彩印本。

39.《製造局平圓地球圖》（《海國輿地釋名》引用書目）

40.《益智書會平圓地球圖》（《海國輿地釋名》引用書目）

41.《東洋神戶日本竹枝詞》，四明浮槎客著。

42.《日京竹枝詞》，陳道華著。

43.《外國地名對照表》一冊，學部輯。

44.《最新萬國輿地韻編》十二卷，（清）齊忠甲輯。

45.《中外輿地全圖》一冊，（清）佚名繪。

46.《世界地理問答》無卷數，佚名輯。

47.《地理擇要》不分卷，佚名輯。

48.《地理撮要》一卷，佚名輯。

49.《偏球圖國名歌》一卷，（清扶風）吳廷楨（文臣）撰。

50.《增注東洋詩史》，濯足扶桑客著。

51.《皇朝中外一統輿圖》中一卷；南十卷；北二十卷；首一卷。
嚴樹森輯。

52.《環球全圖》七盒，佚名著。

參考文獻

1. 趙爾巽等：《清史稿·藝文志》，中華書局 1976 年標點本。
2. 武作成：《清史稿藝文志補編》，中華書局 1982 年版。
3. 王紹曾：《清史稿藝文志拾遺》，中華書局 2000 年版。
4. 王韜、顧燮光等：《近代譯書目》，北京圖書館出版社 2003 年影印本。
5. 商務印書館編：《涵芬樓藏書目錄·中文新書分類目錄》，商務印書館鉛印本。
6. 梁啓超：《西學書目表》，載梁啓超著、夏曉虹輯《〈飲冰室合集〉集外文》下冊，北京大學出版社 2005 年版。
7. 王雲五：《續修四庫全書總目提要》，臺灣商務印書館 1972 年版。
8. 周振鶴：《晚清營業書目》，上海書店出版社 2005 年版。
9. 熊月之：《晚清新學書目提要》，上海書店出版社 2007 年版。
10. 北京圖書館普通古籍組：《北京圖書館普通古籍總目·地志門》，北京圖書館出版社 2003 年版。
11. 北京圖書館善本特藏部輿圖組：《輿圖要錄》，北京圖書館出版社 1997 年版。
12. 復旦大學圖書館古籍部：《四庫系列叢書目錄·索引》，上海古籍出版社 2007 年版。
13. 譚汝謙：《中國譯日本書綜合目錄》，香港中文大學出版社 1980 年版。
14. 王寶平：《中國館藏日人漢文書目》，杭州大學出版社 1997 年。
15. 趙永復、傅林祥：《中華大典·歷史地理典·域外分典》，浙江古籍出版社 2004 年版。
16. 陳左高：《歷代日記叢談》，上海畫報出版社 2004 年版。
17. 陳左高：《中國日記史略》，上海翻譯出版公司 1990 年版。

18. 俞冰：《歷代日記叢鈔提要》，學苑出版社 2006 年版。

19. 熊月之：《西學東漸與晚清社會》，上海人民出版社 1994 年版。

20. 鄒振環《晚清西方地理學在中國》，上海古籍出版社 2000 年版。

21. 鄒振環：《西方傳教士與晚清西史東漸》，上海古籍出版社 2007 年版。

22. 郭雙林：《西潮激蕩下的晚清地理學》，北京大學出版社 2000 年版。

23. 顧長聲：《從馬禮遜到司徒雷登——來華新教傳教士評傳》，上海書店出版社 2005 年版。

24. 方豪：《中西交通史》，上海人民出版社 2008 年版。

25. 方豪：《中國天主教史人物傳》，宗教文化出版社 2007 年版。

26. 金梁：《近世人物志》，北京圖書館出版社 2007 年版。

27. 鍾叔河：《走向世界——近代中國知識分子考察西方的歷史》，中華書局 2000 年版。

28. 沈福偉：《西方文化與中國（1793～2000）》，上海教育出版社 2003 年版。

29. 王庸：《中國地理學史》，上海書店影印本 1984 年版。

30. 王庸：《中國地圖學史》，三聯書店 1958 年版。

31. 趙榮、楊正泰：《中國地理學史》（清代），商務印書館 1998 年版。

32. 蕭樾：《中國歷代的地理學和要籍》，廣西師範大學出版社 2002 年版。

33. 袁英光、桂遵義：《中國近代史學史》，江蘇古籍出版社 1989 年版。

34. 俞旦初：《愛國主義與中國近代史學》，中國社會科學出版社 1996 年版。

35. 鮑紹霖：《西方史學的東方迴響》，社會科學文獻出版社 2001 年版。

36. 瞿林東：《中國史學史綱》，北京出版社 1999 年版。

37. 喬治忠：《增編清朝官方史學之研究》，天津古籍出版社 2018 年版。

38. 陳祖武：《清代學術源流》，北京師範大學出版社 2012 年版。

39. 姜勝利：《清人明史學探研》，南開大學出版社 1997 年版。

40. 來新夏：《清人筆記隨錄》，中華書局 2005 年版。

41. 張舜徽：《清人筆記條辨》，遼寧教育出版社 2001 年版。

42. 黃愛平主編：《中國歷史文獻學》，中國人民大學出版社 2010 年版。

43. 華林甫主編：《清代地理志書研究》，中國人民大學出版社 2014 年版。

44. 潘晟：《歷史地理文獻學入門》，科學出版社 2018 年版。

45. 李春光：《清代學人錄》，遼寧大學出版社 2001 年版。

46. 楊豔秋：《明代史學探研》，人民出版社 2006 年版。

47. 王嘉川：《清前史通學研究》，社會科學文獻出版社 2013 年版。

48. 李金華：《畢沅及其幕府史學成就研究》，花木蘭文化出版社 2014 年版。

49. 王爾敏：《中國近代思想史論》，社會科學文獻出版社 2003 年版。

50. 侯德仁：《清代西北邊疆史地學》，群言出版社 2006 年版。

51. 李少軍：《甲午戰爭前中日西學比較研究》，湖北人民出版社 2007 年版。

52. （日）高柳信夫編著：《中國「近代知識」的生成》，商務印書館 2016 年版。

53. （日）松浦章：《清代帆船與中日文化交流》，上海科學技術文獻出版社 2012 年版。

54. 周奇主編：《傳播視野與中國研究》，上海人民出版社 2014 年版。

55. 沈國威：《近代中日詞匯交流研究》，中華書局 2010 年版。

後記（一）

　　博士後報告的寫作即將要劃上了一個句號了。此時此刻，很多的思緒湧上心頭，很多感謝之言需要表達。

　　首先我要由衷的感謝我的博士後導師周振鶴教授。2006 年春天我進入復旦大學歷史學博士後流動站，跟隨歷史地理研究中心周振鶴先生攻讀博士後。周先生是著名的歷史地理學家，學識淵博，視野開闊，能成為他的學生，我深感幸運，也非常珍惜這寶貴的學習機會。三年來，周先生在學習、研究和生活上都給了我許許多多的關心，我一直銘感在心。從博士後報告的選題、書目資料的查找到全文具體框架的設計，周先生都給了我事無鉅細的指導。每當我在查找資料以及研究中遇到困難和疑問而向先生詢問時，先生都給了我及時、準確而詳細的答覆，即便是先生的一兩句點撥之語，也每每使我豁然開朗，有醍醐灌頂之感，跟隨先生學習確實是一件非常幸福的事情。從開始查找並列出要撰寫博士後報告的書目伊始，至本報告的撰寫完成，周先生付出了很大的心血，他先後多次仔仔細細的批改我的書目和草稿，先生的認真和敬業精神令我十分感動。因此，在本報告即將完成之際，我特別要向我的導師周振鶴先生表示誠摯的感謝，謝謝先生三年來對我的培養，也非常感謝先生為我付出的巨大心血。如果說，我在三年的博士後研究中能取得一些成績的話，這完全應該歸功於先生的精心培養。謝謝您，周先生！

　　我還要感謝復旦大學歷史地理研究中心的諸位先生，他們在我三年的學習生活中給了我許多的幫助。復旦大學歷史地理研究中心是一個高水準的學術研究機構，擁有一支高水準的學術研究隊伍，學術氣氛十分濃厚，能在這樣一個高水準的學術機構中學習，對我來說確實是個難得的機會。三年之

中，我有幸領略了史地中心各位先生學術風采，受益匪淺，因此我要誠摯的感謝他們。同時，我還要特別感謝史地中心趙紅老師，趙老師在我的三年的博士後學習中，一直給了我很多的關心和鼓勵，而且不斷的催促和鞭策著我完成研究工作，令我十分感動，真的非常感謝趙老師。三年的博士後學習和研究，對於我來說是非常快樂而充實的。原本我是研習史學史的，這次進入復旦大學跟隨周先生從事博士後研究，使得我有機會對歷史地理學的研究內容和方法有所管窺，深感歷史地理學是一門博大精深而又令人興趣橫生的學科，值得深入鑽研。如果我能在三年的學習生活中，若是能夠擷取到了歷史地理學百花園的一朵小花，我也會感到十分欣慰。因此，我應該感謝復旦大學給了我這三年學習與研究的機會。同時，我還要感謝復旦大學博士後流動站的顧美娟、朱嫣敏和王益新老師，他們視各位博士後為一家人，對我們的學習、研究和生活十分的關心，也給了我關心和幫助，因此我也要誠摯的感謝他們。

三年的學習時間倏忽而過，留下了很多的美好回憶。三年來我很多時間都是在蘇州和上海之間往返，常常是上半周在蘇州工作，下半周在上海學習，這種雙城記的生活緊張而充實。這三年中，我也見證了蘇州和上海的快速發展，更切身感受到了中國鐵路的飛速發展。三年前我到上海還常常是要乘兩個小時的火車，而現在乘坐寬敞舒適的和諧號動車僅僅需要 35 分鐘了，真的希望自己的學識能向中國鐵路一樣快速的進步。復旦的校園非常幽靜而美麗，是一個適合做學問的地方，每每看到圖書館裏和林蔭路上專心致志讀書的復旦學子，總有一種莫名的感動，同時也為自己能成為復旦的一員而感到驕傲。在我復旦三年的學習時間裏，我的愛人高忠芳給了我極大的支持，她曾多次陪我一起來復旦讀書，但更多的時候我是把她一個人扔在家裏而她卻毫無怨言，她的支持為我完成研究工作提供了巨大動力。因此，我必須要深深感謝人她。就在本報告即將完成之時，我也將迎接一個新生命的到來，這是我人生的一個新起點，我將在此起點上不斷的努力和攀登我學術人生的新臺階。

侯德仁

2009 年 10 月 31 日

後記（二）

這部著作，實際上是我在復旦大學跟隨周振鶴先生攻讀博士後期間完成的工作報告。這部報告，是在周振鶴先生的悉心指導下完成的。在本書即將付梓之際，我要再次向周振鶴先生表示深深的謝意。

十年時間，倏忽而過。現在距離當時完成這部博士後報告的時間，已經整整十年時間了。十年來，學習、工作和生活都是忙忙碌碌，本應該把這部書按照老師的要求好好的補充、修改和完善，然而一直沒有找出大塊的時間來完成這項工作，只作了一些小修小補的補訂而已。如今，花木蘭文化事業有限公司慨然應允出版本著作，這對我來說是一個難得的好機會。能在這樣一個具有較高學術聲譽的出版公司出版學術著作，也讓我深感榮幸。在此，我要對花木蘭文化事業有限公司表示真摯的感謝。

本著作是從文獻學的角度對晚清域外地理學著譯書目的全面考察，其中對晚清域外地理著述書目的種類、數量、作者、版本、內容、體例及其館藏流佈情況進行了較爲詳細的考辨，撰寫了相關書目提要。這些域外地理學書目，較爲全面地反映了晚清西學東漸背景下域外地理學的發展狀況及其主要成就，具有重要的學術價值。因而，我相信本著作的出版能夠對相關研究工作有一定的補益作用。當然，我也知道本書還有很多的不足甚至是錯誤之處，敬請各位專家不吝賜教，而我將聞過則喜，並在以後的修訂工作中吸納各位專家的高見，以使本書獲得不斷的完善。

最後，我要深深地感謝我的家人們，是她／他們無私的愛給予了我不斷前進的力量，讓我不斷進步。接下來，我將繼續努力，腳踏實地加油幹，爭取更大的進步。

侯德仁

2019.8.20

侯德仁